La Breve Storia della Prima Guerra Mondiale

Le battaglie sul fronte occidentale e orientale, la guerra chimica e la sconfitta della Germania che portò al Trattato di Versailles

(1914-1919)

Esclusione di responsabilità

Copyright 2022 di Academy Archives - *Tutti i diritti riservati*

Questo documento si propone di fornire informazioni precise e affidabili in merito all'argomento e alla questione trattata. La pubblicazione viene venduta con l'idea che l'editore non sia tenuto a fornire servizi contabili, ufficialmente autorizzati o comunque qualificati. Se è necessaria una consulenza, legale o professionale, è necessario rivolgersi a un esperto della professione - da una Dichiarazione di Principi che è stata accettata e approvata in egual misura da un Comitato dell'American Bar Association e da un Comitato degli Editori e delle Associazioni.

In nessun modo è lecito riprodurre, duplicare o trasmettere qualsiasi parte di questo documento, né in formato elettronico né in formato cartaceo. La registrazione di questa pubblicazione è severamente vietata e la memorizzazione di questo documento non è consentita se non dietro autorizzazione scritta dell'editore. Tutti i diritti riservati.

La presentazione delle informazioni avviene senza alcun contratto o garanzia di alcun tipo. I marchi utilizzati sono privi di qualsiasi consenso e la loro pubblicazione non è autorizzata o supportata dal proprietario del marchio. Tutti i marchi e le marche presenti in questo libro sono solo a scopo chiarificatore e appartengono ai proprietari stessi, non affiliati a questo documento. Non incoraggiamo l'abuso di sostanze e non possiamo essere ritenuti responsabili per la partecipazione ad attività illegali.

1

Una rapida panoramica

La Prima Guerra Mondiale, chiamata anche **Guerra Mondiale** o **Grande Guerra**, è stata una guerra mondiale iniziata in Europa il 28 luglio 1914 e durata fino all'11 novembre 1918. L'11 novembre è rimasto noto come Giorno dell'Armistizio.

Tutte le superpotenze mondiali furono coinvolte in questa guerra e furono composte in due alleanze contrastanti: gli Alleati (incentrati sulla Triplice Intesa di Regno Unito, Francia e Russia) e i Centrali (originariamente incentrati sulla Triplice Alleanza di Germania, Austria-Ungheria e Italia). Queste alleanze si riorganizzarono (l'Italia defezionò agli Alleati nel 1915) e si ampliarono con l'ingresso in guerra di altri Paesi (la Romania si unì agli Alleati e l'Impero Ottomano e la Bulgaria ai Centrali).

Alla fine, più di 70 milioni di soldati, tra cui 60 milioni di europei su una popolazione di 460 milioni, furono mobilitati in una delle più grandi guerre della storia.

Più di 9 milioni di soldati (13%) furono uccisi, soprattutto a causa dei grandi progressi tecnologici nella potenza di fuoco (fu la prima guerra in cui prevalsero mezzi e tecnologie prodotte in fabbrica e rapidamente, come mitragliatrici, gas velenosi, cannoni e filo spinato, e in cui entrarono in uso generale carri armati e aerei) senza un corrispondente sviluppo della mobilità (le tattiche utilizzate risalivano ancora al XIX secolo, il che, secondo i polemisti, fu una delle ragioni dell'enorme numero di morti (più di 16 milioni) e feriti (più di 21 milioni di soldati feriti (30%)).

Un altro fattore importante che contribuì al massiccio sacrificio di vite umane fu la capacità di richiamare, per diversi anni di seguito, ondate successive di migliaia di giovani come soldati di leva, portarli al fronte e schierarli.

Questo schieramento divenne famoso soprattutto perché tattiche obsolete facevano sì che spesso si potessero registrare solo futili successi, nonostante il sacrificio di un gran numero di soldati.

Questo si manifestava con la conquista di piccoli lembi di terra di nessuno, perlopiù distrutti, che dovevano poi essere difesi o riconquistati più e più volte con contrattacchi altrettanto massicci, la cosiddetta guerra di posizione.

È stato il sesto conflitto più letale della storia mondiale, che ha poi aperto la strada a riforme politiche e/o rivoluzioni nei Paesi interessati. In Francia (41 milioni di abitanti nel 1914) si stima che morì il 4,3% della popolazione, nel Regno Unito il 2,1% (su 43 milioni di abitanti), in Germania (67 milioni di abitanti) il 3,8%, nella monarchia austro-ungarica il 3,7% (su 51 milioni di abitanti), nell'Impero ottomano (con una popolazione di 18,5 milioni) il 14,5%, nell'Impero russo l'1,7% (su 166 milioni di abitanti).

Il 28 luglio, il conflitto iniziò con l'invasione austro-ungarica della Serbia, seguita dall'attacco tedesco alla Francia attraverso il Belgio e il Lussemburgo e dall'attacco russo alla Germania. Dopo l'arresto dell'avanzata tedesca su Parigi, il fronte occidentale si stabilizzò in una statica guerra di logoramento di trincea che cambiò poco fino al 1917.

A est, l'esercito russo combatté con successo contro le forze austro-ungariche, ma fu respinto dall'esercito tedesco. Altri fronti furono aperti dopo l'entrata in guerra dell'Impero Ottomano nel 1914, dell'Italia e della Bulgaria nel 1915 e della Romania nel 1916.

L'Impero russo è crollato con la Rivoluzione russa del 1917 e la Russia è uscita dalla guerra dopo la Rivoluzione d'ottobre dello stesso anno. Dopo un'offensiva tedesca lungo il fronte occidentale nel 1918, le truppe statunitensi entrarono nelle trincee e gli Alleati costrinsero le armate tedesche ad arretrare in una serie di offensive di successo.

La Germania, che all'epoca aveva i suoi problemi con i rivoluzionari (la Rivoluzione di novembre), accettò un cessate il fuoco l'11 novembre 1918, che in seguito

5

sarebbe stato conosciuto come il Giorno dell'Armistizio. La guerra si concluse con una vittoria degli Alleati.

Alla fine della guerra, quattro delle potenze imperialiste - gli imperi tedesco, russo, austro-ungarico e ottomano - erano state sconfitte militarmente e politicamente: gli Stati successori dei primi due persero molto territorio, mentre gli ultimi due cessarono del tutto di esistere.

Dall'Impero russo emerse la rivoluzionaria Unione Sovietica, mentre nell'Europa centrale si formò una serie di nuovi piccoli Stati. La Società delle Nazioni è stata fondata nella speranza di prevenire tali conflitti in futuro.

Ma da questa guerra nacquero il nazionalismo europeo e la disintegrazione degli ex imperi. Le conseguenze della sconfitta della Germania e del Trattato di Versailles avrebbero contribuito allo scoppio della Seconda Guerra Mondiale nel 1939.

La Prima Guerra Mondiale fu combattuta principalmente in Europa. La denominazione "guerra mondiale" si riferisce da un lato alle numerose truppe inglesi e francesi portate in Europa dalle colonie, dall'altro alle battaglie che si svolsero effettivamente nelle colonie, come in Africa, nel Pacifico e in Medio Oriente.

Tuttavia, la portata di questa battaglia extraeuropea era inferiore alla massa e all'intensità dei combattimenti in Europa.

Dopo tre anni di guerra (nel 1917), le Centrali erano quasi esaurite. Ma anche gli alleati francesi, russi, britannici e italiani. In quell'anno, gli Stati Uniti si unirono alla battaglia e questo finì per dare il sopravvento agli alleati.

Dopo che il 28 giugno 1914 il principe ereditario d'Austria-Ungheria Francesco Ferdinando e la contessa Sofia Chotek furono uccisi a Sarajevo dal nazionalista serbo-bosniaco Gavrilo Princip, l'imperatore Francesco Giuseppe d'Austria-Ungheria, con il sostegno dell'alleato Impero tedesco, propose alla Serbia l'ultimatum di luglio.

Quando la Serbia, sostenuta dall'alleanza con la Russia zarista, non accettò l'ultimatum su tutti i punti, l'Austria-Ungheria mobilitò i suoi eserciti e dichiarò guerra alla Serbia il 28 luglio. Ciò provocò una reazione a catena: diversi trattati militari esistenti entrarono in vigore, anche altri Stati alleati dell'Austria-Ungheria o della Serbia si mobilitarono e dichiararono guerra agli Stati avversari, finendo per coinvolgere nel conflitto la maggior parte degli Stati europei.

La guerra era tra le Potenze Centrali, guidate dalla Germania, e la Triplice Intesa, composta da Francia, Regno Unito e Impero russo. L'Italia, che aveva un trattato con la Germania, dichiarò la propria neutralità in quanto in disaccordo con i piani tedeschi sui Balcani. Il Belgio neutrale fu invaso dopo un ultimatum tedesco.

La guerra divenne una guerra globale grazie alla partecipazione britannica. L'Impero Ottomano si unì ai Centrali, rendendo anche il Medio Oriente un campo di battaglia.

Mentre a ovest si combatteva una guerra statica con trincee, la Germania cercò di forzare una decisione in mare.

La campagna degli U-Boat divenne quindi importante perché il Regno Unito dipendeva dalle importazioni di beni e di cibo. Nel 1915 fu introdotta per la prima volta la guerra sottomarina senza limiti. L'attività fu temporaneamente interrotta dopo l'affondamento del Lusitania.

Dal 1914 al 1917, i confini del fronte occidentale si spostarono appena. La battaglia fu caratterizzata principalmente da sanguinose offensive che guadagnarono poco terreno.

Ne sono un esempio la battaglia di Verdun e la battaglia della Somme, in cui furono uccisi più di un milione di persone. Ciò è dovuto in parte al fatto che sono state utilizzate poche tattiche innovative.

Nel 1917, nell'Impero russo scoppiarono tumulti e disordini, cui seguì una rivoluzione. Alla fine di quell'anno, con la Rivoluzione d'ottobre, il regime dei Romanov fu rovesciato e i bolscevichi fondarono l'Unione Sovietica.

I combattimenti contro i comunisti continuarono e Lenin firmò un trattato di pace, chiamato Pace di Brest-Litovsk, con i tedeschi all'inizio del 1918. Nello stesso anno, gli Stati Uniti entrarono in guerra dopo la reintroduzione della guerra sottomarina illimitata e il telegramma Zimmermann, inviando almeno 25.000 nuovi soldati in Francia e Belgio ogni mese. In mare, l'Impero tedesco fu lentamente ma inesorabilmente respinto con nuove tattiche di convoglio.

Indice dei contenuti

Esclusione di responsabilità 1

Una rapida panoramica 2

Indice dei contenuti 10

Cause e cause scatenanti 12

L'inizio della guerra 21

Fronti della Prima Guerra Mondiale 27

Il fronte occidentale 33

Il fronte orientale 44

Ritorsioni in Belgio 48

Reclutamento di massa 52

Battaglia di trincea 57

La trincea 61

Guerra chimica e biologica 67

Ammutinamento 70

Rifugiati belgi 73

Italia 77

I Balcani   83

Il Medio Oriente   84

Africa e Asia   90

La guerra aerea   92

Partecipazione alla guerra degli Stati Uniti   94

L'influenza spagnola   99

Obiettori di coscienza   101

La fine della guerra   102

Impatto   109

Impatto economico e sociale   112

Cause e cause scatenanti

La causa diretta fu il già citato omicidio di Francesco Ferdinando e di sua moglie Sophie Chotek. Tuttavia, le vere cause sono più profonde. Alcuni storici vedono come causa la crescente popolarità del militarismo e del nazionalismo radicale in Europa.

Questi movimenti rimproveravano ai loro governi la passività di fronte alle minacce esterne, stimolando così la corsa agli armamenti nel 1912 e 1913. Altre analisi danno la colpa all'imperialismo, ai problemi economici e all'irrequieta espansione territoriale delle superpotenze.

Fanno eccezione le analisi che vedono la guerra in parte come un'iniziativa della classe dominante per frenare una rivoluzione socialista del proletariato.

La causa principale della guerra fu la politica estera imperialista della maggior parte delle nazioni europee, tra cui l'Impero britannico, la Francia, l'Impero tedesco, l'Impero austro-ungarico, l'Impero ottomano, l'Impero russo, l'Italia e la Serbia.

La tensione e la rivalità tra le due potenze sono cresciute lentamente fino a raggiungere il punto di ebollizione per decenni e, infine, si attendeva un confronto diretto tra le superpotenze. L'assassinio di Francesco Ferdinando e della moglie portò a un ultimatum degli Asburgo alla Serbia, il cosiddetto "ultimatum di luglio".

Vennero invocate diverse alleanze formatesi nei decenni precedenti, cosicché nel giro di poche settimane le superpotenze si trovarono in guerra. Attraverso le loro colonie, il conflitto si diffuse presto in tutto il mondo.

All'inizio del XX secolo, in Europa si sviluppò un equilibrio di potere traballante. In diversi Paesi sono emersi forti movimenti nazionalisti. La Francia aveva perso l'Alsazia-Lorena a favore della Germania dopo la guerra franco-prussiana del 1870 e voleva riconquistare questo territorio.

Si trovò di fronte a una Germania unita e quindi militarmente forte e strinse un'alleanza con la Russia. All'inizio del XX secolo emerse un nuovo tipo di nave da guerra: la Dreadnought. Il Regno Unito e altri Paesi avevano bisogno di ricostruire le loro flotte. La Germania ne approfittò aumentando i suoi investimenti nella marina e volle ottenere un maggior peso militare in mare anche per questa via. Questo preoccupa molto gli inglesi, che vedono minacciata la loro egemonia in mare.

In questo modo, la Germania e il Regno Unito si trovarono coinvolti nella corsa alla flotta tedesco-britannica.

Sotto la Realpolitik di Otto von Bismarck, la Germania era stata cauta nella diplomazia internazionale. La Germania mise diplomaticamente i Paesi l'uno contro l'altro, come nel caso del Congresso di Berlino. Solo quando un Paese si trovava da solo dal punto di vista diplomatico e non aveva alleati forti per intervenire, si scatenava la guerra. In seguito, si è cercato di rendere la pace il più leggera possibile per il Paese sconfitto, in modo che non ci fossero rancori persistenti.

Questa soluzione fu abbandonata dopo la guerra franco-tedesca e soprattutto dopo le dimissioni di Bismarck. Sotto il Kaiser Guglielmo II fu perseguita una politica più aggressiva: la Weltpolitik. Con ciò, tuttavia, la Germania si alienò molti Stati, che temevano di vedere compromesso il proprio potere.

La Germania e l'Austria-Ungheria erano alleate e la Francia aveva stretto un'alleanza con la Russia. Dopo la seconda guerra boera, l'Inghilterra era alla ricerca di alleati, ma un riavvicinamento inglese alla Germania fu rifiutato dai tedeschi. L'Inghilterra cercava ora un riavvicinamento con la Francia e la Russia.

Per questo motivo, l'alleanza fu chiamata Triplice Intesa. Per questo motivo, la nazione tedesca si vedeva vittima di una cospirazione diretta contro di essa. I tedeschi erano anche preoccupati per la rapida ripresa della Russia dopo la sconfitta contro il Giappone nel 1905 e per i successivi disordini rivoluzionari.

Allo stesso tempo, negli Stati balcanici sbocciarono potenti ambizioni nazionaliste, alla ricerca di sostegno diplomatico a Berlino e Vienna da un lato e a San Pietroburgo dall'altro. I panslavisti volevano il sostegno russo ai popoli slavi sotto il dominio austriaco.

In aree come la Slovenia, la Slesia e la Boemia, emerse una forte coscienza slavo-nazionalista, che a sua volta suscitò paura e inimicizia tra i tedeschi. Nascono i primi movimenti pangermanici e antisemiti (quindi i semi del nazionalsocialismo erano già stati gettati nel XIX secolo).

I nazionalisti determinarono sempre più la politica del governo. Le rivendicazioni aumentavano e i popoli che avevano vissuto per anni sotto un'amministrazione diversa e vi si erano adattati, come i cechi e i polacchi, ora volevano uno Stato proprio. Hanno sempre più cercato il sostegno di gruppi estremi, come la Mano Nera in Serbia.

A differenza di Francia e Regno Unito, la Germania possedeva poche colonie, il che significava che era meno percepita come una grande potenza. Secondo le opinioni prevalenti nella Germania dell'epoca, il grande vantaggio delle colonie consisteva nel controllo dei flussi commerciali e nell'accesso privilegiato alle materie prime e ai mercati. Gli stessi tedeschi lo consideravano uno "svantaggio". La Germania era il ritardatario, a cui non era stato concesso alcun "posto sotto il sole".

La Germania aveva l'esercito di terra più forte del mondo; in generale i tedeschi erano convinti che un'eventuale guerra dovesse concludersi con una vittoria tedesca. La maggior parte dei gruppi nazionalisti sperava quindi in un conflitto, e anche coloro che non lo volevano non sentivano di solito la necessità di evitare la guerra in sé.

Questo quadro è stato riscontrato anche in altri Paesi. I francesi, ad esempio, non avrebbero mai iniziato una guerra per riconquistare l'Alsazia-Lorena, ma hanno colto al volo la scusa offerta dalla Germania e sono entrati in guerra con entusiasmo.

La guerra è stata ampiamente romanzata e vista, soprattutto dai gruppi di destra e nazionalisti in tutta Europa, come "il grande purificatore". La guerra rendeva l'uomo "migliore, più forte, più intelligente e più maturo", "trasformava i ragazzi in uomini". Le questioni definite "mali sociali" (come la disoccupazione, il socialismo, il femminismo e l'omosessualità) si sarebbero "dissolte da sole" attraverso la guerra, garantendo ancora una volta l'interesse personale di tutte le élite nazionali. E dopo la guerra (ovviamente vinta) ci sarebbe stata un'età dell'oro in cui l'egemonia sarebbe stata assicurata, l'economia si sarebbe ripresa e sarebbe cresciuta, le conquiste territoriali e coloniali avrebbero fornito nuove opportunità di carriera e i soldati vittoriosi sarebbero tornati a casa in grandiose parate trionfali.

17

Le varie alleanze erano deboli. Sia la Germania che la Russia, le parti più forti, si lasciarono guidare dai rispettivi alleati più deboli, Austria-Ungheria e Serbia, per paura di perderli.

Prima della Prima Guerra Mondiale, le varie grandi potenze elaborarono piani per "sferrare il primo colpo". In Francia, ad esempio, fu ideato il Piano XVII, altamente offensivo. In Germania fu elaborato il Piano Schlieffen.

In Russia fu elaborato il piano dell'esercito per occupare immediatamente la Prussia orientale e avanzare su Berlino. Per sferrare questo primo colpo era necessaria la mobilitazione degli eserciti. Le mobilitazioni richiedevano tempo e non potevano essere effettuate in segreto. In pratica, ciò significava che una mobilitazione doveva essere seguita immediatamente da una dichiarazione di guerra; aspettare ogni giorno significava dare l'opportunità alla controparte di mobilitarsi. Sia i soldati che i politici ne erano consapevoli.

L'Austria-Ungheria era stata seriamente indebolita. La Duplice Monarchia era stata umiliata dall'Italia e dalla Prussia ed era stata quasi spaccata in due dall'Ausgleich del 1867; ora cercava un risarcimento attraverso i Balcani. Con l'annessione della Bosnia-Erzegovina nel 1908, il paese si è ripreso un po'.

Una facile vittoria sulla Serbia avrebbe permesso all'Austria-Ungheria di dimostrare di essere ancora una grande potenza. Anche la Bulgaria si è sentita gravemente umiliata e penalizzata dopo le guerre balcaniche. Ogni possibilità di trattare con la Serbia, la Romania e la Grecia è stata la benvenuta.

Nei decenni precedenti la guerra, l'Impero Ottomano aveva lentamente perso sempre più terreno a favore di Regno Unito e Francia in Africa e della Russia nel Caucaso.

Inoltre, quasi tutta la provincia ottomana della Romania (i Balcani) aveva ottenuto l'indipendenza dall'Impero grazie al sostegno russo nelle Guerre balcaniche. Queste guerre perse portarono un enorme flusso di rifugiati; milioni di turchi provenienti dai Balcani, dalla Crimea e dal Caucaso si stabilirono nell'Anatolia centrale. Al contrario, la Germania non aveva mai occupato il territorio ottomano e, a causa degli investimenti tedeschi nell'impero, sosteneva il governo ottomano. Alla fine l'Impero Ottomano entrò nella Prima Guerra Mondiale al fianco della Germania, soprattutto per riconquistare i territori perduti nel Caucaso e in Crimea dalla Russia e per evitare ulteriori perdite di territorio a ovest.

Le crescenti tensioni etniche nell'impero multiculturale, tuttavia, avevano convinto il sultano e il suo governo che l'Impero Ottomano doveva diventare più marcatamente turco e che si dovevano cercare collegamenti anche con gli altri popoli turchi del Caucaso e dell'Asia centrale. Questi potevano unirsi alla lotta contro i russi, che erano anche loro nemici.

In alcuni Paesi, come l'Italia e la Romania, c'è stata la volontà di scegliere la parte che ha fatto l'offerta più alta. Ciò contribuì a prolungare la guerra.

Tra il 1900 e il 1914 i vari eserciti si erano notevolmente modernizzati in termini di artiglieria e altri armamenti. Anche l'organizzazione era stata notevolmente migliorata secondo le linee dello Stato Maggiore prussiano-tedesco.

Questo non vale per i piani e le tattiche. Queste si basavano su ipotesi e valutazioni errate.

20

L'inizio della guerra

Il 28 giugno 1914, l'arciduca austriaco ed erede al trono Francesco Ferdinando e la moglie si recarono a Sarajevo, capitale della provincia austro-ungarica di Bosnia ed Erzegovina.

Lo studente serbo-bosniaco Gavrilo Princip sparò al francese Ferdinando con una pistola, dopo che un altro membro della banda serba della "Mano Nera" aveva già tentato, senza successo, di uccidere il principe ereditario e sua moglie con una granata lo stesso giorno. In quel tentativo, solo l'ufficiale di Ferdinando era stato colpito.

Quando Frans Ferdinand volle visitare il suo ufficiale in ospedale, lui e sua moglie furono uccisi a colpi di pistola.

L'opinione pubblica europea si è schierata con Vienna e non con la Serbia. Anche i russi hanno ritirato le mani dai serbi, loro tradizionali alleati. All'inizio, l'attacco sembrava terminare con un sibilo: L'Austria non sembra reagire.

Palla di neve

Dopo l'attacco del 28 giugno, la situazione è rimasta apparentemente tranquilla per diverse settimane. Dietro le quinte, Vienna si è consultata con successo con Berlino. Il 6 luglio Berlino diede quasi un assegno in bianco a Vienna, in quanto l'alleanza tra le due parti era di carattere difensivo. Questo assegno in bianco consisteva nell'impegno tedesco che un intervento russo avrebbe comportato una risposta tedesca.

Solo il 23 luglio Vienna presentò alla Serbia, attraverso il suo ministro degli Esteri, il conte Leopold Berchtold, un ultimatum di 48 ore, l'*ultimatum di luglio*. Questo ultimatum richiedeva di andare a fondo della questione. Per questo, la Serbia ha dovuto acconsentire a una profonda violazione della sovranità, anche ammettendo agenti di polizia austriaci.

Anche la Serbia ha dovuto assumersi la responsabilità dell'attacco. La Serbia accettò tutte le richieste, tranne una: permettere agli agenti austriaci di entrare nel suo territorio. La Serbia ha ritenuto che ciò costituisse una violazione della sua sovranità e ha dichiarato una mobilitazione parziale del suo esercito.

L'Austria dichiarò la risposta insoddisfacente e ruppe le relazioni diplomatiche con la Serbia il 25 luglio. Anche l'Austria ha dichiarato una mobilitazione parziale. Il 25 luglio, alla riunione della corona di Krasnoje Selo, la Russia ha deciso di sostenere militarmente la Serbia.

Allo stesso tempo, Russia, Germania e Regno Unito hanno proposto una conferenza di mediazione. Tuttavia, questa proposta è rimasta senza risposta. Il 27 luglio seguì una prima fase di mobilitazione dell'esercito russo. Il comandante dell'esercito russo, Sergei Dobrorolski, disse in seguito che lo stato maggiore russo considerava la guerra scontata già il 25 luglio. Si sapeva che la Germania avrebbe seguito questa mossa.

23

Il 26 luglio, la Germania decise di non accettare l'idea della Russia di sostenerla militarmente. L'Austria intendeva condurre una guerra locale, anche perché la capitale serba Belgrado si trovava proprio al di là del confine con l'allora Austria-Ungheria. Il 28 luglio l'Austria dichiarò guerra al suo piccolo vicino. Già il giorno successivo, il 29 luglio, Belgrado fu bombardata dall'artiglieria austriaca.

Il 30 luglio l'Austria-Ungheria decise di procedere a una mobilitazione generale. Quel giorno anche lo zar Nicola II di Russia approvò la mobilitazione dell'esercito russo.

Lo stato maggiore russo, rendendosi conto che ciò implicava una dichiarazione di guerra indiretta, cercò di dissuaderlo dal farlo. Anche una lettera incantatoria del Kaiser tedesco al cugino zar rimase inefficace. La Germania rispose con un ultimatum di 12 ore: la mobilitazione russa doveva essere ritirata.

In assenza di una risposta, il 1° agosto la Germania dichiarò guerra alla Russia. Anche la Francia decise di mobilitarsi in risposta, per onorare l'alleanza con la Russia.

Il piano di guerra tedesco era una versione aggiornata del cosiddetto Piano Schlieffen. Ciò si basava sul presupposto che la mobilitazione russa avrebbe richiesto molto tempo. La Germania avrebbe utilizzato questo tempo affrontando prima l'arcinemico Francia e poi la Russia. Tuttavia, la sera della dichiarazione di guerra, le prime unità russe stavano già entrando in Prussia orientale.

Il Piano Schlieffen prevedeva un movimento circonferenziale attraverso il Belgio. Il 1° agosto la Germania occupò il Lussemburgo. Il 2 agosto, la Germania diede un ultimatum al Belgio chiedendo il libero passaggio. Il Belgio rifiutò il passaggio alle truppe tedesche e la Germania dichiarò guerra al Belgio neutrale.

Il 3 agosto la Germania dichiarò guerra alla Francia e il 4 agosto entrò in Belgio. Ciò spinse il Regno Unito a dichiarare guerra alla Germania lo stesso giorno, poiché il Regno Unito aveva garantito la neutralità del Belgio nel Trattato di Londra. Così, con quest'ultima dichiarazione di guerra britannica, tutte le superpotenze europee erano entrate in guerra tra loro nel giro di una settimana.

Fronti della Prima Guerra Mondiale

Fronti europei

- Fronte occidentale - L'invasione del Belgio, del Lussemburgo e della Francia da parte dell'Impero tedesco. Qui sono state utilizzate le trincee dopo che i tedeschi si sono fermati prima di Parigi. Dopo l'arresto dell'avanzata tedesca, entrambe le parti cercarono di raggiungere il mare il più rapidamente possibile in una posizione a loro favorevole. Questo evento è stato chiamato anche "Race to the Sea".
- Fronte orientale - I russi hanno invaso qui la Prussia orientale, provocando una sorpresa. Tuttavia, i tedeschi e gli austriaci respinsero i russi nei loro Paesi.
- Fronte balcanico - Gli austriaci invadono la Serbia con l'appoggio dei tedeschi. In seguito, anche altri Paesi come Romania, Montenegro, Bulgaria e Grecia furono coinvolti nella guerra.
- Fronte italiano - Gli italiani si unirono agli Alleati nel 1915 dopo aver ricevuto molte promesse in caso di vittoria della guerra. Gli italiani pensavano di poter

battere gli austriaci, ma anche qui la battaglia continuò ad andare avanti e indietro. Solo alla fine gli Alleati riuscirono a forzare uno sfondamento.

Fronti africani

Il controllo alleato dei mari impedì ai tedeschi di rifornire le loro colonie. La strategia difensiva mirava a preservare le colonie fino alla vittoria finale in Europa e ad allontanare le truppe alleate dal fronte europeo.

- Africa Tedesca del Sud-Ovest - Colonia tedesca, l'attuale Namibia. Questa colonia fu conquistata dal Sudafrica dalle truppe del Commonwealth in meno di un quarto nel 1915, dopo un'iniziale esitazione da parte del Sudafrica.
- Africa occidentale - La Germania possedeva qui delle colonie: gli attuali Camerun e Togo. Anche qui i tedeschi furono rapidamente sconfitti, dopodiché le colonie furono divise.
- Africa orientale tedesca - Gli attuali Tanzania, Ruanda e Burundi. Il 22 agosto 1914, i tedeschi attaccarono con delle navi il porto di Kalemie, nel Congo belga, sul lago Tanganica. I tedeschi

continuarono a controllare il lago fino al 1916. Nel Congo belga era stanziato solo un piccolo esercito coloniale per il rispetto della legge, scarsamente equipaggiato. Nel 1915, gli ufficiali dell'esercito belga furono addestrati a Le Havre per combattere ai tropici. I soldati sono stati reclutati in Congo e i portatori sono stati arruolati dall'esercito per i rifornimenti. Non c'erano quasi strade.

Utilizzando idrovolanti e navi portate in parti, le forze britanniche e belghe riuscirono a ottenere il controllo strategico del lago. Nell'aprile 1916 fu sferrato l'attacco, dal Congo belga da parte dell'esercito coloniale belga e dalle colonie britanniche da parte dell'esercito britannico. Il 19 settembre 1916, la principale base operativa tedesca, Tabora, fu catturata.

Alla fine del 1917, la Germania aveva perso tutti i territori, ma le truppe tedesche continuarono a condurre una guerriglia nella colonia e in Portogallo-Mozambico contro i portoghesi e gli inglesi.

Questo era l'ultimo posto in Africa dove le truppe coloniali tedesche stavano ancora combattendo. Solo il 13 novembre 1918 arrivò la notizia della firma dell'armistizio. Mancava ancora un po' di tempo prima che le armi venissero deposte.

Fronti in Medio Oriente

- Campagna del Caucaso - Gli Ottomani interferiscono nella guerra a fianco dei Centrali.

Iniziarono ad attaccare la Russia nel Caucaso e furono combattute diverse battaglie.

- Campagna di Mesopotamia - L'invasione dell'Iraq da parte delle truppe dell'Impero britannico.

- Fronte palestinese - Gli inglesi combatterono per il Sinai e la Palestina contro gli Ottomani, per tenere questi ultimi fuori dal Canale di Suez.

- Fronte dei Dardanelli - L'Intesa voleva una seconda via per la Russia, attraverso i Dardanelli. A tal fine era necessario occupare la capitale dell'Impero Ottomano, Costantinopoli. Alla fine, gli Alleati fallirono in questo attacco.

- Fronte persiano - Ufficialmente, la Persia era un Paese indipendente e neutrale, ma a causa dell'influenza della Russia e dell'Impero britannico, il petrolio fu combattuto anche qui. Poiché le diverse tribù venivano messe l'una contro l'altra e per indebolire gli inglesi in Medio Oriente e in India, qui vennero combattuti altri conflitti. Tutto sommato, però, non è cambiato molto.

31

Fronte asiatico

- Tsingtao - Pochi mesi dopo l'inizio della guerra, la città fu catturata dal Giappone e dalla Gran Bretagna durante l'Assedio di Tsingtao. La squadra navale tedesca, guidata dall'ammiraglio Maximilian von Spee, era partita prima per il Sud America.
- Isole del Pacifico

Il fronte occidentale

Lo Stato Maggiore tedesco si affidò al Piano Schlieffen. Questo piano sviluppato da Alfred von Schlieffen riconosceva il pericolo di una guerra su due fronti contro Francia e Russia, per la quale la Germania non era abbastanza forte. Il piano prevedeva quindi di accerchiare l'esercito francese facendo invadere all'esercito tedesco il nord della Francia, più debole e difeso, attraverso il Belgio (inizialmente anche i Paesi Bassi).

Muovendosi a ovest e a est intorno a Parigi - la capitale francese *non* sarebbe stata presa - e poi tornando a est,

33

l'esercito francese concentrato in Alsazia sarebbe stato attaccato alle spalle, intrappolato e arreso.

Le truppe tedesche sarebbero poi state messe su un treno per la Russia per sconfiggere l'esercito russo appena mobilitato. Per sconfiggere i francesi fu previsto un periodo di soli 42 giorni. Così il Piano Schlieffen.

Tuttavia, il piano presentava dei punti deboli:

- Violando la neutralità del Belgio, il Regno Unito potrebbe dichiarare guerra alla Germania in base al Trattato di Londra del 1839. Inoltre, priverebbe la Germania di molto credito diplomatico. Von Schlieffen non lo considerò rilevante; dopo tutto, il piano era stato redatto solo da militari e non da politici.
- È stato rispettato un calendario molto stretto di 42 giorni. Qualsiasi deviazione manderebbe all'aria il piano. Von Schlieffen consigliò di iniziare immediatamente i negoziati con il nemico dopo qualsiasi ritardo: "Dopo tutto, non possiamo vincere in ogni caso".

- L'esercito tedesco era troppo grande per le capacità delle reti stradali (ferroviarie) belghe e della Francia settentrionale. Inoltre, l'operazione era probabilmente al di là delle forze dell'esercito tedesco. (Von Schlieffen lo ha negato)

- Non si era tenuto conto della possibilità che l'esercito francese non volesse arrendersi e lasciasse spazio a un confronto più lungo.

- Né aveva messo in conto una mobilitazione o un attacco russo anticipato (a causa della mancanza di industrializzazione in questo Paese).

- Il piano non è stato calcolato per affrontare situazioni politiche. Nella crisi di luglio del 1914, la Francia non ebbe un ruolo significativo. Tuttavia, il piano prevedeva la partecipazione francese e l'entrata in vigore delle varie alleanze attirò anche la Francia in guerra. Tuttavia, la Francia si era già mobilitata due giorni prima della dichiarazione di guerra e, a causa della prevalenza del nazionalismo in Francia, la dichiarazione di guerra fu colta con enorme entusiasmo come un'opportunità per affrontare l'eterno nemico Germania e riconquistare l'Alsazia-Lorena. Quando

la Germania si mobilitò, i militari attuarono il piano
mentre i diplomatici e i politici rimasero passivi.

* Il piano presupponeva una guerra di movimento,
  mentre la velocità degli eserciti di fanteria,
  cavalleria e artiglieria era limitata.

Raid in Belgio

* **1 agosto 1914** - Le truppe tedesche invadono il
  neutrale Lussemburgo.
* **3 agosto** - La Germania dichiara guerra alla
  Francia e lo stesso giorno chiede al Belgio il
  permesso di passare attraverso il Belgio per
  invadere la Francia. Il Belgio neutrale mantiene la
  sua promessa e non offre ai tedeschi alcun
  passaggio.
* **4 agosto** - Unità dell'esercito tedesco attraversano
  il confine belga. Francia e Regno Unito accorrono
  in aiuto del Belgio.
* **6 agosto** - L'esercito tedesco si scontra con i forti
  intorno a Liegi.
* **12 agosto** - Battaglia degli Elmetti d'argento, a
  Halen. Cadono 140 soldati belgi e 160 tedeschi. I
  belgi vincono e si trincerano a Diest.

- **15 agosto** - Battaglia di Dinant. Il re e la regina e il governo si stabiliscono ad Anversa. Il re comanda l'esercito.
- **16 agosto** - L'ultimo forte intorno a Liegi si arrende ai tedeschi.
- **18 agosto** - Battaglia dei Sette Zills, vicino a Tienen, nel territorio degli attuali borghi di St.-Margriete-Houtem, Grimde e Oplinter. Circa 2.400 soldati belgi affrontarono un esercito di circa 15.000 tedeschi. La metà dei belgi perse la vita o fu ferita. L'esercito belga si ritira.
- **18 agosto** - Re Alberto I ordina all'esercito belga di ritirarsi ad Anversa dopo un massiccio attacco tedesco a nord del fiume Mosa.
- **19 agosto** - Rappresaglia tedesca ad Aarschot.
- **20 agosto** - I tedeschi entrano a Bruxelles. Seguono pesanti combattimenti ad Aalst, Mechelen, Dendermonde e Charleroi. Ad Anversa, molti volontari lavorano giorno e notte: vengono abbattuti alberi, demolite ville, insomma: tutto ciò che può ostruire la vista. Vengono eretti rifugi in diversi luoghi, vengono effettuate inondazioni vicino ai forti da Kapellen a Kontich. In città

sventolano bandiere belghe, francesi e inglesi. Tra il 21 e il 24 agosto cadono i forti di Namur.

- **22 agosto** - Battaglia di Charleroi a cui partecipano anche i francesi. Le strade acciottolate sono disseminate in tutto il Paese per rendere più difficili gli spostamenti dei tedeschi.

- **Il 25 agosto, le** truppe tedesche effettuano una spedizione punitiva contro la città di Lovanio. 218 civili vengono uccisi e la città viene incendiata. Anche la biblioteca universitaria va in fiamme. Questi atti non ortodossi causeranno un massiccio reclutamento volontario nell'Impero britannico.

- **27 agosto** - I soldati della marina britannica sbarcano a Ostenda per rinforzare l'esercito belga ad Anversa. I Paesi Bassi, neutrali, rifiutarono di farli entrare attraverso la Schelda, impedendo loro di sbarcare ad Anversa. Nuova offensiva tedesca contro Mechelen con 20.000 soldati. In seguito questo numero sarà raddoppiato. Mechelen viene bombardata per la prima volta.

- **30 agosto** - Dopo tre giorni di bombardamenti, i forti di Walem, Sint-Katelijne-Waver e Koningshooikt vengono distrutti. Non più in grado di svolgere il loro ruolo di fortezza per trattenere il nemico, ora diventano punti di appoggio.

- **2 settembre** - Uno zeppelin sorvola Anversa e sgancia sette bombe su case allestite come ospedali. 12 persone sono ferite e i danni sono ingenti.

- **5 settembre** - Il maggiore Von Sommerfeld ordina di bruciare la città di Dendermonde. Anche l'ospedale civile e la chiesa del Beguinage del XVI secolo. Le case vengono saccheggiate e i residenti deportati in Germania. A Sint-Gillis e Lebbeke, 25 abitanti vengono uccisi dall'esercito tedesco di passaggio.

- **Dal 9 settembre al 26 settembre** - Il quartier generale delle forze armate belghe viene allestito a Lier. Re Alberto vi soggiorna per diversi giorni durante la battaglia della Nete.

- **29 settembre** - Lier viene bombardata, così come Duffel, Tisselt, Londerzeel e Heist-op-den-Berg. Nuove battaglie per Mechelen, a causa delle grandi forze, i belgi devono abbandonare Mechelen e ritirarsi ad Anversa. Durante la ritirata, i difensori distruggono i forti di Walem e

Breendonk. Questo per evitare che i tedeschi li usassero contro i belgi.

- **2 ottobre** - I tedeschi tentano di sfondare. Dal balcone del Palazzo sul Meir ad Anversa, il re Alberto I rassicura la popolazione mentre si sentono gli spari.

- **3 ottobre** - Walem, Sint-Katelijne-Waver e Koningshooikt vengono bombardate dai cannoni da 28 cm posizionati a Elewijt e Hofstade. Un aereo sparge note su Anversa, invitando la popolazione ad arrendersi. La popolazione se la ride, mentre l'aereo tedesco viene bombardato. Ulteriori combattimenti a Lier. Herentals è vittima del terrore tedesco. I villaggi di Kempen vengono incendiati.

- **4 ottobre** - Il fronte non si muove. I belgi sono costretti a trincerarsi dietro i fiumi Rupel e Nete. I ponti vengono fatti saltare in aria. Pesanti combattimenti a Duffel.

- **6 ottobre** - Le brigate di fanteria navale britanniche e l'esercito belga difendono con successo la Nete. Tuttavia, il 6 ottobre mattina devono ritirarsi sulla linea interna del forte. Di conseguenza, i tedeschi poterono piazzare i loro cannoni a portata di tiro della città. Più di 4.000 granate e 140 bombe zeppelin cadono su Anversa. Il generale Deguise annuncia alla popolazione che chi vuole può andarsene. Inizia un esodo lungo la Schelda. Più di 1 milione di belgi fuggono nei Paesi Bassi neutrali del nord. I rifugiati sono ben accolti. Altri migrano in Francia attraverso la costa o cercano di raggiungere la Gran Bretagna via Ostenda.

- **8 ottobre** - Per evitare la distruzione totale della città di Anversa, le autorità belghe e britanniche decidono congiuntamente di evacuare la città. Nella notte dell'8 ottobre, il re e la regina lasciano Anversa.

- **9 ottobre** - La battaglia di Anversa è finita. I forti di Schoten, Brasschaat, Merksem, Kapellen e Lillo vengono fatti saltare in aria. Con la copertura della notte, anche l'ultima divisione belga cede la riva sinistra della Schelda e si ritira verso l'Yser. Il consiglio comunale di Anversa chiede e ottiene un cessate il fuoco dal comando supremo tedesco. La "Convenzione di Kontich" è un dato di fatto. Circa 33.000 soldati belgi che non possono più fuggire emigrano nei Paesi Bassi e vi vengono internati.

- **10 ottobre** - I belgi e gli inglesi, usciti da Anversa, infliggono un duro colpo ai tedeschi che tentano di attraversare la Schelda. Le unità tedesche avanzano verso Gand. A nord, i belgi respingono i tedeschi fino a Lokeren. Vicino a Gand, a Melle, i belgi riescono a respingere il nemico e a catturare una batteria di artiglieria tedesca. La ritirata dell'esercito belga procede senza grossi problemi. Tutti i treni blindati e i cannoni pesanti sono salvi.

- **12 ottobre** - I tedeschi occupano Gand, che si arrende senza combattere. La ritirata belga prosegue verso il Westhoek e si installa dietro l'Yser.

- **13 ottobre** - Le divisioni britanniche arrivano a Ypres. L'esercito tedesco avanza ulteriormente nelle Fiandre orientali.

- **15 ottobre** - I tedeschi avanzano ulteriormente nelle Fiandre occidentali e occupano Bruges.

- **16 ottobre** - L'esercito tedesco raggiunge Damme, Zeebrugge, Knokke e Ostenda. La 4ª Armata tedesca si posiziona sulla costa fino alla strada Ypres-Vienna. Dalla strada Menin-Ypres, la 6a Armata tedesca forma la forza di occupazione. A causa dell'inondazione dell'area lungo l'Yser, il

fronte si blocca nelle Fiandre e poi in Francia. Poi
iniziano i quattro anni di guerra di trincea, dalle
dune belghe di Nieuwpoort e De Panne al confine
franco-svizzero di Pfetterhouse, in Francia.

Oltre alla Westhoek belga, anche le enclavi belghe di
Baarle-Hertog rimangono non occupate.

Queste enclave erano molto isolate dalla posizione di
neutralità dei Paesi Bassi ed ebbero un piccolo ruolo nella
guerra, mantenendo aperto un ufficio postale belga
attraverso il quale poteva passare la corrispondenza
importante.

Il fronte orientale

Nonostante il tempo di mobilitazione di 42 giorni che il Piano Schlieffen attribuiva ai russi, due armate russe invasero la Prussia orientale già nell'agosto 1914. Le unità della cavalleria russa commisero numerosi crimini contro i civili della Prussia orientale (il *Kosakengreuel*). Contemporaneamente, i russi entrarono nella provincia austriaca della Galizia.

L'avanzata in Galizia ebbe inizialmente un successo particolare. Dopo il panico iniziale, le armate furono sconfitte dai nuovi comandanti Paul von Hindenburg ed

Erich Ludendorff a Tannenberg e sui Laghi Masuri nell'agosto e nel settembre 1914. In queste battaglie, l'intera Seconda Armata russa cessò di esistere.

Anche sul fronte orientale esistevano trincee, ma erano più distanti tra loro e avevano il carattere di una linea di difesa temporanea.

Semplicemente non c'erano abbastanza truppe per occupare il fronte di 1.200 km in questo modo. Qui i tedeschi hanno usato per la prima volta il gas velenoso (gas lacrimogeno) contro i russi. Dopo la battaglia di Lemberg, i russi conquistarono gran parte della Galizia. Durante l'inverno 1914/1915 e la primavera, le truppe russe e austriache combatterono diverse battaglie nei Carpazi. In risposta, i tedeschi vennero in aiuto dei loro alleati austro-ungarici.

Nella primavera del 1915, dato che il fronte occidentale era comunque occupato da un muro contro muro, lo stato maggiore tedesco decise di trasferire le truppe sul fronte orientale.

Allo stesso tempo, la base industriale russa si rivelò troppo limitata per fornire alle truppe un flusso costante di vestiti,

45

cibo, armi, munizioni, mezzi di trasporto e altre necessità. Una grande offensiva dei Centrali portò a una svolta. Il 5 agosto fu presa Varsavia.

A metà del 1915, i russi erano stati cacciati dalla Polonia. Anche l'area che oggi è la Lituania e la Lettonia meridionale cadde in mano tedesca. Questo evento divenne noto in Russia come la "Grande ritirata" e in Germania come la "Grande marcia".

I russi organizzarono un'altra offensiva Broesilo contro gli austriaci in Galizia nel 1916. Questo attacco ebbe inizialmente un successo spettacolare, ma ancora una volta i tedeschi vennero in aiuto degli austriaci. La Romania si schierò con gli Alleati nel 1916, ma fu comunque invasa e occupata da Germania, Austria e Bulgaria. Le offensive russe alla fine si bloccarono con grandi perdite di vite umane.

L'industria bellica russa si espanse rapidamente, migliorando l'equipaggiamento degli eserciti russi, ma la carenza di cibo nei principali centri abitati portò a disordini.

In Russia seguirono le rivoluzioni del 1917, dopo le quali i comunisti iniziarono a negoziare con i tedeschi.

Nel frattempo, le armate russe si erano disintegrate e i tedeschi occuparono senza combattere l'Ucraina e l'area che oggi è il nord della Lettonia e dell'Estonia. I comunisti conclusero infine la pace di Brest-Litovsk con i tedeschi, che diede loro accesso a una catena di Stati vassalli e liberò le mani a ovest. Tuttavia, dopo l'armistizio, questi territori dovettero essere liberati e il Trattato di Versailles annullò la Pace di Brest-Litovsk. Inoltre, tutto l'oro russo e rumeno confiscato doveva essere restituito.

Ritorsioni in Belgio

Il Belgio mantenne l'accordo di rimanere neutrale e di non far passare i tedeschi. Ma il comando dell'esercito tedesco non tenne conto di questa neutralità e la Germania invase il Belgio.

Il 25 agosto, le truppe tedesche uccisero 218 civili durante una spedizione punitiva contro la città di Lovanio. La città è stata parzialmente bruciata. Delle circa 6.000 case di Lovanio, 2.117 erano in cenere. Anche la chiesa di San Pietro e la biblioteca universitaria sono andate in fiamme.

I tedeschi hanno assistito alle fiamme di un quarto di milione di libri, tra cui migliaia di insostituibili manoscritti medievali e stampe da culla. Oltre a questi crimini, altri casi simili crearono un'ondata di indignazione nazionale e internazionale (testimonianze successive avrebbero dimostrato che non tutti i tedeschi sul campo approvavano queste atrocità).

Lovanio non fu l'unica vittima: atrocità simili furono commesse anche a Dinant (674 morti) e Aarschot (170 morti), tra le altre.

Il comando dell'esercito tedesco decise queste terrificanti rappresaglie dopo che le sue truppe furono, a loro dire, bombardate dai civili. Per giustificare l'orrenda rappresaglia, è stato invariabilmente addotto l'argomento dei cosiddetti *franc-tireurs.*

Prima dell'inizio della guerra, i generali tedeschi avevano pesantemente indottrinato e alimentato i propri soldati con i racconti dei *franchi tiratori* della guerra franco-tedesca del 1870-1871.

Fu inculcato loro che durante l'avanzata non dovevano fidarsi in nessun caso della gente del posto e che dovevano agire con durezza se avessero sparato contro di loro.

Questo aveva reso le truppe tedesche così paranoiche che ogni piccolo incidente non immediatamente spiegabile poteva dare origine a tali rappresaglie.

L'opinione pubblica è stata anche stimolata da storie di propaganda per fornire al comando dell'esercito un sostegno incondizionato allo sforzo bellico. In ogni caso, tuttavia, nessun atto di tirannia organizzata era stato ordinato dai piani alti e si trattava probabilmente di casi isolati. La maggior parte delle rappresaglie fu dovuta a malintesi: a Lovanio, ad esempio, sembra che i tedeschi si siano sparati addosso nella confusione e ad Aarschot un colonnello tedesco (molto odiato dai suoi uomini) fu ucciso da uno dei suoi stessi soldati.

Durante l'invasione del Belgio, 500 comuni sono stati colpiti da atrocità; almeno 5.000 civili sono stati uccisi, tra cui donne e bambini (nel nord della Francia, il numero è stato di circa 1.500). È quindi comprensibile che le atrocità tedesche associate all'inizio dell'invasione siano state un facile strumento per la propaganda alleata.

Da entrambe le parti, i crimini commessi dall'altra parte sono stati inventati o esagerati dalla propaganda e i propri crimini negati o minimizzati. La propaganda alleata dipingeva i tedeschi come "unni con l'elmo a spillo", barbari dell'Est; i belgi, a loro volta, erano dipinti dalla propaganda tedesca come vermi che attiravano a tradimento le truppe tedesche nelle imboscate.

L'Impero britannico aveva garantito la neutralità e la sicurezza del Belgio con il Trattato di Londra. Con una stretta maggioranza di governo, dichiarò guerra alla Germania. Le atrocità tedesche innescarono un reclutamento volontario di massa nell'Impero britannico.

Reclutamento di massa

Gli inglesi potevano attingere all'entusiasmo ingenuo per il loro reclutamento, sia in patria che nell'impero coloniale. Anche i reclutatori francesi e tedeschi possono contare su un grande afflusso. Il romanzo di Erich Maria Remarque *Dal fronte occidentale nessuna notizia* descrive l'entusiasmo per la guerra da parte tedesca durante questi primi mesi.

Anche il giovane Adolf Hitler era pazzo di gioia tra la folla entusiasta di Odeonsplatz il 1° agosto 1914, quando fu annunciato che la Germania era in guerra.

Tra la popolazione prevaleva ancora un'immagine romantica della guerra. La pressione sociale per unirsi alla lotta era forte. I reclutatori si rivolgevano loro nelle fabbriche, nelle scuole, nelle chiese e nelle piazze dei mercati. Chi non si univa, in seguito "non apparteneva". Coloro che riuscivano a sottrarsi al servizio di leva o (come nell'Impero britannico) non si offrivano volontari mentre altri lo facevano, venivano stigmatizzati come codardi. Chi si rifiutava veniva guardato con il collo e le ragazze gli davano piume bianche, simbolo di codardia.

Si pensava inoltre che, in cambio dei sistemi sociali notevolmente migliorati, fosse meglio "dare qualcosa in cambio". Inoltre, l'esercito britannico assegnava anche uomini provenienti dallo stesso quartiere o dalla stessa fabbrica alle stesse unità militari, note come *battaglioni di pal* ("lavorare insieme, combattere insieme"). Questo ha creato una pressione sociale e un controllo sociale.

53

I volontari australiani e neozelandesi formarono insieme le unità Anzac. Spesso gli venivano affidati gli incarichi più disperati, ma portavano l'aureola di soldati coraggiosi ma temerari che custodivano con zelo la loro immagine.

I giovani operai e minatori britannici volevano fare un viaggio a Parigi. In Canada, il primo contingente programmato di 20.000 uomini è stato immediatamente riempito al massimo. Ne seguiranno altri 430.000. In totale sarebbero morti 60.000 canadesi.

Durante le prime settimane di guerra, migliaia di americani provenienti dagli Stati Uniti, allora neutrali, si recarono in Canada; 5.000 di loro provenivano dal Texas.

Nonostante il conflitto tra britannici e irlandesi con diverse rivolte popolari, oltre agli irlandesi protestanti che si schierarono a favore dei britannici, ci furono decine di migliaia di irlandesi cattolici che si arruolarono nell'esercito professionale britannico. Dei 200.000 volontari irlandesi nell'esercito britannico, circa 30.000 sarebbero morti.

Gli inglesi consideravano gli irlandesi (come del resto gli scozzesi) come "feroci guerrieri" che, con l'inquadramento "appropriato" da parte di ufficiali prevalentemente inglesi,
54

erano abbastanza utili in tutti i tipi di conflitti coloniali, mentre gli irlandesi e gli scozzesi vedevano l'esercito come un mezzo di sostentamento che, inoltre, prometteva "avventure" in "luoghi esotici".

Su insistenza del governo francese, la Russia inviò un esercito di spedizione di 8942 soldati per combattere sul fronte occidentale in Francia nel 1916. Dopo il crollo dell'esercito russo e l'accordo di pace tra Russia e Germania, molti ex soldati russi vennero impiegati nell'economia francese; alcuni vennero deportati in Algeria, mentre alcune unità dell'esercito continuarono a combattere o vennero arruolate nell'esercito francese.

Separato è stato il contributo dei "sudafricani". Erano appena usciti da 10 anni di sanguinosa guerra con gli inglesi e ora erano alleati contro un nemico che conoscevano solo per sentito dire. Inoltre, molti boeri si sentivano affini ai tedeschi coloniali dell'Africa sud-occidentale tedesca ed erano riluttanti a combatterli.

Gli afrikaner filo-tedeschi e militanti anti-britannici si ribellarono contro la partecipazione alla guerra nella ribellione di Maritz, ma furono sconfitti e il loro leader

Christiaan de Wet fu arrestato. Le truppe coloniali britanniche "di colore" provenienti dall'India, dal Nepal e persino dalla Giamaica, insieme al *Corpo dei Lavoratori* Britannico-Cinesi, furono condotte in Europa con dubbie promesse e senza alcuna immaginazione.

Nel complesso, la guerra era vista come qualcosa che avrebbe raddrizzato le relazioni nazionali e internazionali, posto fine ai "mali sociali", purificato le menti dei giovani, educato e reso veri uomini.

Battaglia di trincea

Mentre la politica tedesca presupponeva che il Regno Unito sarebbe rimasto neutrale, nel frattempo il comando supremo tedesco aveva preparato un piano di guerra che avrebbe reso impossibile tale neutralità (il Piano Schlieffen). Il Regno Unito ha garantito la neutralità del Belgio. Quando, il 3 agosto, questo principio fu violato e gli Uhlans tedeschi marciarono incendiari verso i forti intorno a Liegi, a Londra non rimase altra scelta che dare un ultimatum a Berlino e, infine, dichiarare guerra.

Le armate tedesche marciano attraverso il Belgio e la Francia settentrionale. Avanzarono fino ai pressi di Parigi, anche se questa città non era l'obiettivo dell'attacco. Nel frattempo, in Alsazia, i francesi sferrarono un attacco secondo il loro Piano XVII e furono sanguinosamente respinti. Masse di fanteria avanzarono verso le trincee tedesche, dove però furono abbattute dalle mitragliatrici. Con le loro uniformi blu-feltro-rosse, formavano bersagli viventi.

L'avanzata a mezzaluna dei tedeschi attraverso il Belgio e la Francia settentrionale sembrava inizialmente andare ragionevolmente secondo i piani. Liegi e la cerchia di forti giganti che la circondavano furono occupati in pochi giorni e la British Expeditionary Force (BEF) fu sconfitta nella Battaglia dei Confini. I tedeschi avanzarono fino al fiume Marna, dove i francesi cercarono di fermarli. I francesi rivendicarono la vittoria ma, secondo molti storici, se ci fu un vincitore, la battaglia della Marna fu vinta dai tedeschi piuttosto che dai francesi. Tuttavia, il nervoso stato maggiore, che aveva già notato piccole deviazioni dal piano, decise di lasciare che l'esercito tedesco si ritirasse verso Chemin des Dames. Il fronte si è sviluppato a causa dei movimenti circonferenziali di entrambe le parti (la Corsa al Mare) verso ovest fino alla costa del Mare del

Nord. Il governo francese si sentì minacciato a Parigi e si stabilì temporaneamente a Bordeaux.

Con l'eccezione della Spagna e dei Paesi nordici, della Svizzera e dei Paesi Bassi, tutti i Paesi europei sarebbero stati coinvolti nella Prima guerra mondiale.

In generale si prevedeva che la guerra sarebbe stata breve. Home again when the leaves fall e Back home before Christmas erano slogan comuni. Ma divenne una guerra lunga e brutale senza precedenti, i cui fronti furono fissati dopo solo un mese e mezzo. Già nei primi mesi di guerra del 1914, questo era evidente: i belgi persero 30.000 persone (in cinque mesi tante quante in ogni anno di guerra successivo), i tedeschi 241.000 e i francesi 306.000.

Ne seguì un'inutile battaglia di trincea che costò milioni di vite. Una sola battaglia, come quella di Verdun o della Somme, ha causato più morti e feriti di tutte le battaglie del secolo precedente messe insieme (alla Somme 600.000 alleati e 750.000 tedeschi).

Solo molto lentamente i comandanti supremi militari si resero conto che in questa guerra, in cui consideravano ancora l'attacco come unico mezzo di salvezza, i difensori erano sempre in vantaggio.

Gli attaccanti morirono a grappoli, poiché il fuoco rapido e il bombardamento di granate avevano ormai reso irrimediabilmente obsoleta la vecchia tecnologia di combattimento e di armamento.

La trincea

Le linee di difesa erano formate da:

- La prima linea, formata da avamposti, nidi di mitragliatrici e simili, era collegata alla linea principale da piccole trincee.
- La linea principale, che costituiva la trincea vera e propria. Qui i soldati rimanevano e potevano muoversi.
- L'entroterra. Questa era collegata alla linea principale attraverso piccole trincee e binari.

Tra le trincee tedesche e quelle alleate c'era una striscia di fango, solcata dalle esplosioni di granate e dalla fanteria, e disseminata di mine e filo spinato. L'unica cosa che cresceva nella terra di nessuno e nelle trincee era il papavero. Ecco perché questo fiore rosso è un simbolo della Prima Guerra Mondiale.

La vita in trincea era un incubo. Le trincee, soprattutto in primavera, inverno e autunno, formavano trincee fangose in cui si affondava fino al ginocchio nel fango. Tutto è diventato umido e sporco e l'acqua è penetrata nei vestiti e negli stivali. Questo ha portato, tra l'altro, ai piedi da trincea, l'immersione prolungata nei piedi bagnati con un rischio molto maggiore di danni e quindi di infezioni, con il risultato finale della morte per cancrena.

A volte venivano utilizzate tavole di legno per migliorare la percorribilità; nelle trincee tedesche, questo era comunemente un po' più veloce. Spesso i cadaveri, a causa delle condizioni e del gran numero, non potevano essere seppelliti rapidamente. I cadaveri e gli altri rifiuti attiravano i ratti, che potevano moltiplicarsi rapidamente. Solo quando una parte del fronte è rimasta "a riposo" per un periodo più lungo è stato possibile ottenere un miglioramento delle condizioni di vita.

In attacco era ancora peggio. I difensori sono stati talvolta sottoposti a bombardamenti di artiglieria per giorni. Nel frattempo, gli attaccanti hanno riunito le truppe. Quando (si pensava) tutti i nidi di artiglieria e di mitragliatrici nemiche erano stati messi fuori uso, la fanteria attaccò, sotto la copertura del fuoco delle granate. A volte il coordinamento non era buono: i soldati perdevano la copertura o venivano bombardati dalla loro stessa artiglieria. Per inciso, questo veniva fatto anche deliberatamente se la fanteria non avanzava abbastanza velocemente. È così che i soldati hanno attraversato la terra di nessuno per entrare nella trincea nemica.

Tuttavia, i difensori sapevano già cosa sarebbe successo grazie all'intensa preparazione non celata (la ricognizione aerea giocò per la prima volta un ruolo importante) e a giorni di bombardamenti e si ritirarono parzialmente.

Si creò così un saliente in cui la fanteria attaccante rimase intrappolata. I nidi di mitragliatrici sui fianchi aprirono il fuoco e la fanteria difensiva avanzò, mentre la propria artiglieria era spesso troppo lenta e si bloccava nel fango della terra di nessuno. Ormai completamente priva di copertura, la fanteria attaccante fu praticamente massacrata, in molti casi fino all'ultimo uomo. Nel 1915, questi piccoli attacchi si verificarono regolarmente.

I tedeschi avevano generalmente più trincee praticabili degli Alleati. Con gli Alleati (soprattutto con i francesi, sul cui territorio si combatteva), la costruzione di buone trincee era scoraggiata dal punto di vista offensivo e i tedeschi, inoltre, si erano ritirati in posizioni più alte e quindi più difendibili (ma anche più secche) in molti punti.

Oltre a tutta la sporcizia che portava anche molte malattie, cose come la paura continua, la solitudine e la monotonia erano un inferno per i soldati.

Durante i giorni di bombardamento o al momento del codice rosso, la paura di morire deve essere stata insopportabile. Ci sono storie di soldati che hanno acceso una sigaretta e, accendendola, sono diventati un bersaglio per i cecchini. Da qui deriva la superstizione secondo cui un fuoco non dovrebbe mai accendere più di una sigaretta - dopo tutto, questo dava ai cecchini abbastanza tempo per prendere la mira.

A causa di tutte le terribili e traumatiche esperienze in trincea, alcuni soldati soffrirono del cosiddetto shellshock. In questa condizione, il soldato soffre di tic o convulsioni, come contrazioni agli occhi o addirittura brividi. Lo Shellshock era considerato una forma di codardia, per cui i soldati con questi sintomi venivano solitamente giustiziati dal loro stesso partito .

La solitudine era comune. Le amicizie tra uomini raramente duravano più di un mese, in parte a causa dell'enorme numero di vittime. La solitudine ha provocato ogni sorta di strani sintomi. Alcuni uomini stringevano amicizia con topi o oggetti e li consideravano come una famiglia, altri parlavano costantemente con se stessi o con i cadaveri. La mancanza di donne ha portato a relazioni sessuali tra gli uomini.

La monotonia della vita di un soldato, combinata con quanto detto sopra, ha causato la cosiddetta "sindrome della trincea" tra i sopravvissuti dopo la guerra. Molti uomini non poterono riprendere la loro vecchia vita e continuarono a vivere con le stesse idiosincrasie di quando erano in trincea.

Guerra chimica e biologica

Nel primo mese di guerra, l'agosto 1914, i soldati francesi spararono gas lacrimogeni (bromuro di xilile) contro i tedeschi, diventando così i primi a utilizzare gas velenosi. Tuttavia, l'esercito tedesco fu il primo a condurre una ricerca intensiva sul gas velenoso, guidato dall'eminente chimico tedesco e premio Nobel Fritz Haber, e fu il primo a farne largo uso nel 1915. Ma anche i francesi, tra cui il chimico e premio Nobel Victor Grignard, ci stavano lavorando intensamente.

Sul fronte russo, i tedeschi utilizzarono per la prima volta il bromuro di xilile nella battaglia di Varsavia, ma il gas si condensò a causa della bassa temperatura e addirittura si congelò. In seguito, le bombole di gas cloro furono impiegate per la prima volta su scala ridotta sul fronte orientale.

Gli ufficiali stupiti guardarono i loro soldati scomparire tra le nuvole verdi e cadere a terra. Alcuni scapparono indietro, gridando che i tedeschi li stavano avvelenando con una "nebbia verde".

Dopo questo esperimento, i tedeschi utilizzarono il gas nella Seconda battaglia di Ypres. Sono state aperte più di 5.000 bombole di gas cloro. I reggimenti francesi in difesa rimasero intrappolati e si creò un vuoto di 6 km. I tedeschi avevano inteso questo attacco come un esperimento e non contavano su un tale successo. Non c'erano soldati a disposizione per spingere il passaggio.

In seguito a questo successo, nacquero vari tipi di armi chimiche da guerra, come il fosgene e, nel 1917, il gas mostarda. Anche gli scienziati tedeschi e poi francesi cercarono di inserire agenti patogeni in varie bombe, in particolare la peste. I primi passi verso una seria guerra biologica erano stati compiuti.

Le armi chimiche furono presto e ampiamente utilizzate anche dagli Alleati. Le prime maschere antigas che fecero la loro comparsa erano primitive (ad esempio uno straccio imbevuto di acqua o di urina) e non erano affatto utili.

Solo dopo approfondite ricerche le maschere antigas migliorarono in modo significativo, senza migliorare l'efficacia delle armi chimiche, già molto costose. Inoltre, era un'operazione molto rischiosa per le proprie truppe, poiché il vento poteva far andare il gas nella direzione sbagliata dopo l'apertura delle bombole. Quest'ultimo problema è stato risolto utilizzando d'ora in poi le granate a gas.

Ammutinamento

In risposta alle enormi perdite, non solo durante le battaglie principali, ma anche in innumerevoli battaglie minori, i soldati francesi si resero conto che attaccare semplicemente equivaleva a suicidarsi. Eppure il comando dell'esercito non conosceva una tattica migliore. Nel 1917 molti soldati si ammutinarono, a volte anche interi reggimenti in una sola volta. In effetti, ammutinamento è una parola molto grossa, perché i soldati non si sono ribellati. Hanno scioperato e fatto resistenza passiva. Non protestavano tanto contro la guerra in sé, quanto contro le tattiche utilizzate, in cui i soldati venivano sacrificati a migliaia in attacchi che non portavano a nulla.

I soldati ammutinati si rifiutarono di eseguire gli ordini. Ma c'era anche una resistenza per lo più passiva: ridevano degli ufficiali quando leggevano i resoconti delle cosiddette vittorie.

Mentre marciavano verso il fronte, abbaiavano come pecore che dovevano essere condotte al macello. Hanno spaventato gli agenti minacciando di ucciderli "con un proiettile vagante" nel prossimo attacco. Si nascondevano ovunque fosse possibile per sfuggire agli ordini. Solo per gli ufficiali e i sottufficiali che osavano vivere tra di loro in trincea, godevano ancora di un certo rispetto.

Non ci sono notizie inequivocabili sull'entità dell'ammutinamento. I rapporti ufficiali parlavano di 2 o "alcune" divisioni.

Secondo gli storici francesi, sarebbero stati coinvolti in totale da 40 a 80 mila uomini, ovvero solo il 5% circa del totale. Storici come John Keegan, tuttavia, ipotizzano che a un certo punto l'ammutinamento si sia esteso a 50 divisioni francesi.

Ciò gettò nel panico gli Alleati. Se i tedeschi lo avessero scoperto e avessero attaccato immediatamente, avrebbero potuto coprire il fronte da Amiens a Verdun e poi raggiungere Parigi a piedi. Il generale Pétain, nuovo comandante in capo, decise di parlare con i soldati.

Lo fece, da un lato, dirigendo l'artiglieria fedele contro i reggimenti ammutinati, dall'altro, concedendo migliori permessi e non utilizzando più l'esercito francese per le offensive. 500 ammutinati francesi furono condannati a morte nel 1917, di cui solo 26 furono effettivamente

giustiziati. Pétain mantenne la parola: l'esercito francese
non effettuò più grandi offensive.

Rifugiati belgi

Dopo l'invasione tedesca, molti belgi fuggirono. Migliaia di persone sono partite da Ostenda e Zeebrugge per l'Inghilterra o da lì per la Francia. Più di un milione di belgi fuggirono nei Paesi Bassi. Tra questi rifugiati c'erano 33.000 soldati. Questi furono internati perché il diritto internazionale imponeva ai Paesi Bassi, in quanto Paese neutrale, di garantire che le truppe e le risorse delle parti in guerra sbarcate sul proprio territorio non potessero più prendere parte alla battaglia. Migliaia di soldati belgi "motivati" sarebbero comunque fuggiti per rientrare in guerra attraverso la Gran Bretagna e la Francia.

Inizialmente i rifugiati sono stati accolti calorosamente. C'è stato sdegno per la violazione della neutralità del piccolo Paese e ammirazione per la sua fermezza.

Tuttavia, il gruppo di rifugiati era così numeroso che presto sono sorti problemi di alloggio e di assistenza sanitaria. Le autorità belghe hanno invitato i rifugiati a tornare nella loro patria, ormai occupata.

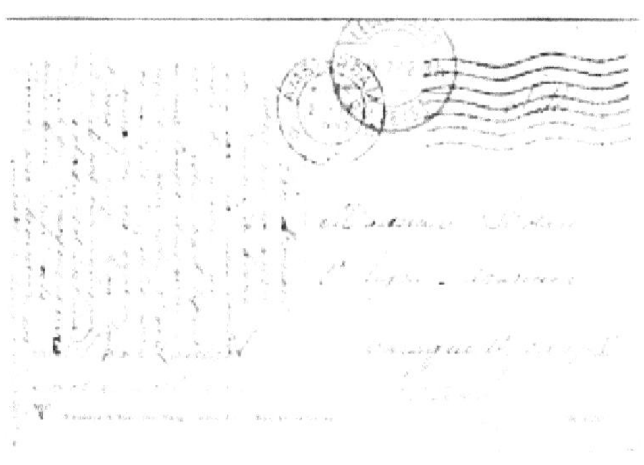

La maggior parte dei rifugiati di guerra è tornata a casa prima della fine dell'anno. Tuttavia, più di 100.000 belgi rimasero nei Paesi Bassi. Tra questi, le famiglie dei soldati internati. Di questo gruppo, coloro che non erano in grado di mantenersi da soli (circa 20.000) vennero ospitati nei rifugi di Gouda, Uden, Nunspeet ed Ede, supervisionati dal governo olandese e dove i belgi furono ospitati in ottime condizioni fino alla fine della guerra. Le ispezioni della Croce Rossa internazionale, guidate dalla Svizzera, lo hanno confermato in diverse occasioni.

I rifugiati nel Regno Unito hanno davvero fondato intere colonie belghe con tutti i crismi. Tipiche sono le chiese e le comunità cattoliche in un Paese prevalentemente protestante. Molte migliaia di bambini belgi hanno fatto la loro prima o solenne comunione nel Regno Unito; la vita belga è continuata lì come sempre.

I belgi in fuga che non sono dovuti andare al fronte hanno lavorato nel Paese ospitante. In Francia, l'impegno e la diligenza dei belgi sono stati apprezzati da fabbriche e agricoltori. Tra la borghesia più ricca, le cameriere belghe erano ben considerate.

In tutto l'Impero britannico e in molti Paesi neutrali sono state avviate raccolte per aiutare i belgi. Organizzazioni femminili in Australia, Nuova Zelanda e Canada hanno raccolto denaro e vestiti per i belgi. Preparavano torte che vendevano nei mercati, mentre i loro mariti e figli morivano tra i cespugli nelle Fiandre. I neutrali Paesi scandinavi fecero lo stesso, così come i nordamericani e i sudamericani. Il governo danese, ad esempio, ha pagato tutti i costi di uno dei campi profughi nei Paesi Bassi.

Dopo la guerra, le principali università statunitensi organizzarono un'altra grande campagna di raccolta fondi per ricostruire la biblioteca universitaria di Lovanio. Nel maggio 1940, tuttavia, i tedeschi ripresero la loro opera distruttiva.

Italia

L'Italia aveva ceduto alle promesse degli Alleati. I Centrali lo considerarono un tradimento, poiché l'Italia aveva la Triplice Alleanza con l'Austria e la Germania. Ma l'Italia era più un peso che un sostegno; il Paese, economicamente debole, doveva essere rifornito di carbone e credito dal Regno Unito, e i soldati italiani dovevano sempre essere aiutati da quelli francesi.

Inoltre, gli italiani non guardarono oltre i territori austriaci che sarebbero stati loro riservati. I piemontesi resistettero valorosamente, ma le truppe dell'Italia meridionale non erano motivate a combattere.

La battaglia dell'Italia contro l'Austria-Ungheria nella Prima Guerra Mondiale è nota anche come *Guerra Bianca*. Questo perché la maggior parte della guerra si è svolta sulle Alpi. L'esercito italiano era comandato dal famigerato maresciallo Luigi Cadorna.

Quando l'Italia improvvisamente defezionò all'Intesa, l'Austria-Ungheria era in guerra da quasi un anno. La maggior parte del loro esercito stava combattendo contro i russi a 1.200 chilometri di distanza, nella provincia austriaca nord-orientale della Galizia. C'era anche un altro fronte contro la Serbia. A causa di questi sforzi bellici, poche truppe erano disponibili nella regione di confine italo-austriaca.

Al confine con l'Italia, però, era stata lasciata una guarnigione e il confine era stato fortificato più volte nel corso degli anni. Questo perché gli austriaci avevano sempre diffidato degli italiani.

Dopo la dichiarazione di guerra, le truppe di stanza qui furono integrate da riservisti, persone radunate in fretta e furia dalla regione. Giovani che non avevano addestramento e tanto meno esperienza di combattimento, contadini e uomini più anziani. Gli uomini più anziani (compresi i veterani), tra cui i cinquantenni, non potevano più essere chiamati per il servizio militare a causa della loro età. Tuttavia, poiché c'era una minaccia acuta, queste persone sono state comunque impiegate per difendere il Paese.

Nonostante la composizione dell'esercito, gli austriaci erano ben motivati e determinati a tenere gli italiani fuori dal Paese. Inoltre, conoscevano la zona come le loro tasche.

L'unico vantaggio degli italiani era la grande superiorità numerica. La maggior parte dell'esercito italiano non era motivata e anche il terreno giocava a sfavore degli italiani. Infatti, dovettero conquistare pendii montuosi fortificati sul lato austriaco del confine. Inoltre, l'esercito italiano soffrì dell'incompetenza e della testardaggine di Cadorna.

Quando gli italiani mobilitarono il loro esercito, gli austriaci si erano già trincerati in posizioni (fortificate) sui fianchi delle montagne e sulle cime delle Alpi (dove le pendenze del 30-40% non facevano eccezione).

Poiché l'Italia voleva conquistare parti del Küstenland (compresa Trieste) e del Tirolo, Cadorna diede l'ordine di attaccare le posizioni. Poiché la fanteria non era ben supportata dall'artiglieria (perché c'erano troppe poche divisioni di artiglieria) e perché gli italiani avevano una posizione inadeguata rispetto agli austriaci, gli attacchi furono disastrosi per gli italiani. Ciononostante, Cadorna diede ripetutamente ordine di continuare ad attaccare, cosa che non giovò alla già scarsa motivazione dei soldati.

Gli italiani cercarono anche di aggirare le posizioni austriache scavando gallerie nelle montagne. Tuttavia, gli austriaci hanno tracciato le gallerie italiane utilizzando dei geofoni. In seguito, scavarono gallerie sotto quelle italiane, per poi farle saltare in aria.

Quando l'esercito austriaco di montagna fu integrato da soldati trasferiti da altri fronti e ricevette l'aiuto dell'esercito tedesco, in cui militava, tra gli altri, Erwin Rommel, l'esercito italiano andò in rovina ancora più rapidamente.

I combattimenti si concentrarono intorno al fiume Isonzo, dove si svolsero in totale 12 battaglie. Le tattiche italiane consistevano in formazioni chiuse inviate verso le posizioni del nemico. Dopo 11 battaglie senza speranza, il morale italiano era sceso ai minimi storici.

Anche rispetto alle truppe alleate sul fronte occidentale, l'equipaggiamento, il razionamento, l'addestramento e il pagamento delle truppe erano di un livello drammaticamente basso. Tuttavia, le misure di Cadorna contro il calo del morale furono controproducenti.

Tra le altre cose, reintrodusse la pena romana della decimazione e il numero di esecuzioni fu elevato. A causa del morale basso, il contrattacco austro-ungarico fu molto duro; il 24 ottobre 1917, l'Austria-Ungheria, sostenuta dai tedeschi, attaccò in quella che sarebbe stata chiamata la Battaglia di Caporetto. Anche in questo caso, i tedeschi utilizzarono gas velenosi di proporzioni simili alla battaglia di Verdun. Le difese italiane non erano preparate per un attacco così feroce e dovettero cedere 25 chilometri. Cadorna non volle ammettere che era stato commesso un errore e il comando supremo italiano attese una settimana prima di ordinare la ritirata. A causa dell'enorme perdita di uomini e del fallimento generale, gli inglesi e i francesi costrinsero Cadorna a cedere la posizione ad Armando Diaz.

Solo quando, in parte a causa di problemi interni, l'Austria-Ungheria era definitivamente crollata e la resistenza opposta era scarsa, gli italiani riuscirono a occupare parti del Tirolo e della Slovenia.

Il gran numero di vittime aveva già creato una forte atmosfera rivoluzionaria tra i soldati (per lo più comunisti) durante la guerra.

Dopo la guerra, è sorto un grande malcontento sociale per le perdite subite e per la cattiva economia; si riteneva inoltre che gli Alleati non avessero mantenuto le loro promesse e non avessero assegnato all'Italia tutti i territori promessi dal Trattato di Versailles. Questo avrebbe portato all'ascesa dei fascisti e di Benito Mussolini nel 1922.

I Balcani

L'Austria-Ungheria, che aveva iniziato la guerra contro la Serbia, tentò di occuparla per tre volte. Per tre volte gli Asburgo furono respinti. Nel 1915, dopo l'adesione di Bulgaria e Turchia alle Centrali, la Serbia fu occupata dall'Austria-Ungheria e la Bulgaria sotto la supervisione tedesca.

La Bulgaria, per inciso, si è poi arresa. Come ha detto un generale, "Abbiamo quello che vogliamo (la Macedonia), non faremo altro". Le ultime truppe serbe e alleate vennero spinte a Corfù e Salonicco.

Quest'ultima città era circondata dai bulgari. Nell'autunno del 1918, tuttavia, gli Alleati sbarcarono un grande esercito vicino a Salonicco e riuscirono a sfondare e a sconfiggere la Bulgaria nel settembre 1918. In Serbia avanzarono fino al Danubio, mentre le truppe britanniche avanzarono lungo la costa fino a Istanbul.

Il Medio Oriente

Prima dello scoppio della guerra, l'Impero Ottomano aveva buoni contatti con gli inglesi e i tedeschi, tra gli altri, che lo avevano aiutato sporadicamente nelle guerre contro l'Impero russo. L'Impero Ottomano fu allora governato dal triumvirato dei Giovani Turchi. Tuttavia, questa volta i russi e gli inglesi scelsero di lavorare insieme.

Enver Pascià, il Giovane Turco più influente, era fortemente favorevole alla Germania e non vedeva di buon occhio l'Impero russo, che nei decenni precedenti aveva umiliato l'Impero ottomano nei Balcani, in Crimea e nel Caucaso.

Il 2 agosto 1914 i turchi e i tedeschi firmarono un accordo segreto e il 5 novembre i turchi dichiararono guerra agli Alleati. I vertici dell'Impero Ottomano videro nella guerra l'ultima possibilità di riprendersi i territori persi a favore della Russia intorno al Mar Nero.

I turchi combatterono su quattro fronti. Nella parte occidentale dell'Impero, diversi attacchi di inglesi e francesi alla penisola di Gallipoli furono respinti con successo nella Battaglia di Gallipoli. In Medio Oriente si è combattuta una feroce battaglia contro il Regno Unito e i combattenti arabi nazionalisti da esso mobilitati.

Con questi eserciti, composti principalmente da indiani musulmani oltre che da sudditi britannici e arabi, gli inglesi attaccarono più volte località ricche di petrolio nel sud della

Persia e dell'Iraq e aprirono anche un fronte in Palestina, dalle loro basi in Egitto.

La campagna del Caucaso contro la Russia fu forse la più dura per l'Impero Ottomano; anche qui si combatté per i giacimenti di petrolio, quelli dell'Azerbaigian. Nel nord della Persia, gli Ottomani, insieme alle popolazioni di lingua turca della Persia e con l'aiuto di ufficiali tedeschi e svedesi, combatterono gli eserciti dei russi e degli inglesi.

L'obiettivo delle parti in guerra era quello di assicurarsi i giacimenti petroliferi della Persia. Inoltre, l'obiettivo dell'Impero ottomano era quello di creare un collegamento terrestre con i popoli turchi dell'Asia centrale e della Cina.

Gli Ottomani, su insistenza tedesca, dichiararono una jihad contro gli alleati, cercando di raccogliere il sostegno degli arabi e degli altri musulmani.

Tuttavia, il successo è stato scarso. Gli arabi erano insoddisfatti del dominio turco e gli alleati promisero loro l'indipendenza se si fossero uniti alla lotta contro i turchi.

Gli inglesi, in particolare Thomas Edward Lawrence ("Lawrence d'Arabia"), riuscirono a convincere Hussein ibn

Ali, il Sharia della Mecca in Arabia, a combattere dalla loro parte. Gli arabi e gli inglesi espulsero i turchi durante la cosiddetta rivolta araba.

Anche dall'altra parte della penisola arabica, gli inglesi cercarono di attaccare la potenza turca attraverso la campagna mesopotamica. Nel 1914, lo sceicco del Kuwait, formalmente subordinato ai turchi, disertò a favore degli inglesi e Bassora fu presa. Nel 1915, il generale Charles Vere Ferrers Townshend iniziò una costante avanzata verso Baghdad, che fu però fermata a Ctetisphon, dopodiché Townshend e il suo esercito furono assediati a Kut-al-Amara dalle truppe turche guidate dal maresciallo tedesco Von der Goltz, e dovettero infine arrendersi nell'aprile 1916. Gli inglesi considerarono questa sconfitta umiliante da vendicare e nel dicembre 1916 una nuova forza armata sotto il comando del generale Frederick Stanley Maude avanzò verso Baghdad.

Baghdad cadde l'11 marzo 1917, ma in seguito l'avanzata si bloccò: inizialmente a causa della forte resistenza turca e poi per il disinteresse del Comando Supremo verso questo teatro di guerra. Solo nell'ottobre 1918 l'avanzata riprese con la consapevolezza che si stava negoziando un armistizio e con l'obiettivo di occupare il maggior numero possibile di territori e rafforzare la posizione negoziale.

In due giorni furono avanzati 120 km, l'esercito turco fu definitivamente sconfitto e il 14 novembre 1918, con l'armistizio già in atto, Mosul fu occupata.

Nel Caucaso, i turchi combatterono la Russia con vari gradi di successo. Molti armeni, uno dei gruppi di popolazione più numerosi nella parte orientale dell'Impero, si unirono ai russi nella speranza di creare un proprio Stato nazionale. Di conseguenza, i vertici militari turchi si fidarono così poco degli armeni durante la guerra da ordinare la deportazione dell'intera popolazione armena nel deserto siriano. Questo ha portato al Genocidio armeno, che si stima abbia causato tra 500.000 e 1,5 milioni di vittime.

Dopo la Rivoluzione russa, l'esercito turco riconquistò il Caucaso, ma dovette comunque arrendersi nel 1918. La diffidenza del governo turco nei confronti delle minoranze etniche e religiose portò anche al genocidio greco contro i greci pontici, al genocidio assiro contro i Suryoye e alla

grande carestia delle montagne del Libano contro drusi e
maroniti.

Dopo la guerra, l'area fu divisa in diversi protettorati. La
Francia, il Regno Unito e la Russia ricevettero ciascuno
una parte del Medio Oriente, mentre la Turchia stessa fu
divisa tra greci, russi, italiani, armeni, francesi e britannici
dal Trattato di Sèvres del 1920. Tuttavia, la guerra in
Medio Oriente continuò sotto forma di diverse guerre
d'indipendenza, come quella turca che invalidò il Trattato
di Sèvres.

Africa e Asia

Il modesto impero coloniale della Germania fu smantellato con relativa facilità. Ovunque, i tedeschi erano numericamente molto superiori e tagliati fuori dalla loro madrepatria. Il Togoland tedesco, il Camerun e l'Africa sud-occidentale tedesca erano già stati occupati dagli Alleati nel 1914 e all'inizio del 1915.

Un esercito di 60.000 giapponesi circondò la piccola guarnigione tedesca di Kiautschou. Anche diverse isole del Pacifico furono occupate dai giapponesi, mentre i britannici occuparono l'Imperatore Wilhelmsland e le Isole Salomone dall'Australia.

La Cina dichiarò guerra alla Germania e inviò migliaia di lavoratori nelle trincee per lavori di supporto.

Il Giappone non inviò alcun uomo al fronte dopo aver occupato le colonie e le concessioni tedesche, ma lanciò un ultimatum alla Cina (gli Alleati, tra l'altro, risposero con un fischio al Giappone). L'assegnazione delle concessioni tedesche in Cina all'arcinemico Giappone fu particolarmente risentita dai cinesi e anche da molti americani, come Woodrow Wilson.

Solo nell'Africa Orientale Tedesca, poi Tanzania, i tedeschi, guidati da Paul von Lettow-Vorbeck, resistettero fino a dopo l'armistizio del 1918.

La guerra aerea

Inizialmente, la guerra aerea ebbe un ruolo modesto. Gli aerei sono stati utilizzati, come nelle guerre balcaniche, solo per voli di ricognizione. La prima battaglia aerea ebbe luogo quando un aereo da ricognizione serbo incontrò un aereo austro-ungarico nell'agosto del 1914. Il pilota ha estratto un revolver e ha sparato contro l'aereo serbo. Immediatamente, tutti i piloti furono equipaggiati con revolver, seguiti poi dalle mitragliatrici di bordo.

La ricognizione era e rimaneva lo scopo principale dell'aereo. Anche i bombardamenti erano possibili, ma richiedevano che il pilota tenesse la bomba tra le gambe e si occupasse personalmente dell'aereo. Sono stati utilizzati anche gli Zeppelin. Questi bestioni potevano trasportare un numero maggiore di bombe e furono spesso utilizzati dai tedeschi per bombardare Londra.

Tuttavia, erano anche un bersaglio facile e molto vulnerabile perché erano così grandi e pieni di idrogeno. Oltre alla ricognizione e al bombardamento, l'intimidazione della popolazione era un obiettivo dell'impiego di aerei e zeppelin.

Famosi furono i numerosi "dogfight" tra i piloti tedeschi e quelli alleati.

Manfred von Richthofen, o il Barone Rosso, ottenne 80 vittorie. Il francese René Fonck non è stato molto lontano con 75 punti. Anche Hermann Göring, poi maresciallo dell'aria e fedelissimo del partito nazista, era un pilota di guerra.

Partecipazione alla guerra degli Stati Uniti

La Germania rispose al blocco degli Alleati con l'arma dei sottomarini. I sottomarini tedeschi sfioravano i mari e siluravano le navi mercantili. Oltre alle navi alleate, occasionalmente furono colpite anche navi neutrali, come il Lusitania.

Molti neutrali, compresi gli Stati Uniti, diedero la colpa ai tedeschi. Tuttavia, gli americani si tennero a lungo lontani dalla guerra, che consideravano un affare europeo, a causa della Dottrina Monroe.

Nel 1917 non ci fu alcun movimento sui fronti. Un tentativo tedesco di distruggere la flotta britannica per rompere il blocco era fallito con la battaglia navale dello Jutland nel 1916.

I tedeschi distrussero più navi degli inglesi, ma non si avventurarono più in mare aperto. La guerra sottomarina senza limiti darebbe la possibilità di isolare il Regno Unito e costringerlo alla resa. Tuttavia, questo potrebbe portare a una guerra con gli Stati Uniti.

I tedeschi portarono avanti il piano, ma cercarono di convincere il Giappone e il Messico a unirsi ai Centrali per distrarre gli americani. Un telegramma in tal senso (telegramma Zimmermann) fu intercettato dai servizi segreti britannici e trasmesso al governo statunitense.

In risposta a ciò, e alla guerra sottomarina senza restrizioni, il presidente Woodrow Wilson, che era stato fin dall'inizio nelle mani degli Alleati, riuscì a convincere il Parlamento degli Stati Uniti a dichiarare guerra alla Germania il 6 aprile 1917.

I messicani erano usciti dalla Rivoluzione messicana e non avevano bisogno di un'altra battaglia. Il Giappone non aveva bisogno di cambiare schieramento.

La presenza statunitense, soprattutto all'inizio, aveva un valore puramente psicologico. Per quanto colossale fosse la Marina statunitense, il suo esercito di terra era piccolo. C'era molta manodopera, ma l'armamento era insufficiente. I cannoni dovettero essere presi in prestito dagli inglesi.

Tuttavia, i tedeschi dovettero affrontare un nuovo esercito che continuava a crescere. I loro sommergibili non erano sufficienti a fermare i convogli di guerra. Il tempo giocava a

96

loro sfavore: sempre più truppe si riversavano in Europa e le intatte fabbriche di armi americane funzionavano a pieno regime. La battaglia della Schelda fu combattuta con un significativo dispiegamento di truppe di terra statunitensi. Il cimitero e il memoriale americano di Flanders Field ne sono una testimonianza silenziosa.

Elenco delle più importanti battaglie sul fronte occidentale

- Battaglia dei confini
- Forti intorno a Liegi
- Battaglia di Halen, Battaglia dei caschi d'argento
- Forti di Anversa
- Prima battaglia di Bergen
- Seconda battaglia di Bergen
- Battaglia dell'Yser
- Battaglia di Ypres
    - Prima battaglia di Ypres
    - Seconda battaglia di Ypres
    - Terza battaglia di Ypres
    - Quarta battaglia di Ypres, offensiva del Lys
- La battaglia delle mine a Messines
- Battaglia di Passchendaele

- Battaglia della Marna

- Chemin des Dames

- Battaglia di Verdun

- Forte Douaumont

- Battaglia della Somme

- Battaglia di Cambrai

- Linea Hindenburg

- Kaiserschlacht

- Battaglia della Schelda

Altre battaglie chiave:

- Battaglia di Neuve-Chapelle

- Battaglia di Artois

- Battaglia nella regione dello Champagne

- Battaglia di Loos

- Battaglia di Nivelle

- Battaglia di Arras

- La battaglia di Amiens

L'influenza spagnola

Nel 1918, un'ondata di influenza si diffuse in tutto il mondo. La sua esistenza è stata resa nota dai media spagnoli, che hanno iniziato a riferire di un'ondata di influenza in cui la gente moriva.

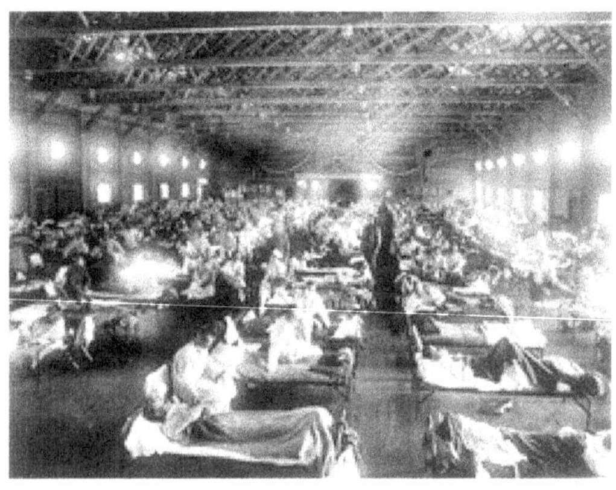

Di conseguenza, l'influenza fu presto nota come influenza spagnola. Questa ondata influenzale sembrava provenire dalle truppe statunitensi inviate in Europa. Gli americani contagiarono anche altri corpi d'armata: gli inglesi, i francesi e infine i tedeschi. Quando le truppe tornarono dopo la guerra, l'influenza si diffuse attraverso le parate festive in cui le truppe furono accolte.

99

A differenza della maggior parte delle malattie, l'influenza spagnola ha colpito mortalmente non solo i bambini piccoli e gli anziani, ma anche le persone tra i 20 e i 40 anni.

Inoltre, la resistenza di molti individui era stata minata. Secondo stime prudenti, questa pandemia ha provocato 20 milioni di vittime; stime più elevate arrivano a 100 milioni. Se si contano queste vittime come morti della Prima Guerra Mondiale, il bilancio totale delle vittime supera quello della Seconda Guerra Mondiale, diventando il conflitto più letale che l'umanità abbia mai conosciuto.

Obiettori di coscienza

C'era anche chi rifiutava il servizio per obiezione di coscienza.

Nei Paesi Bassi, ad esempio, esisteva il Dienstweigeringsmanifesto 1915, e negli Stati Uniti gli obiettori di coscienza erano "conscientious objectors".

Tra loro c'erano i fratelli "hutteriti" Jacob, Michel e David Hofer e il loro cognato Jacob Wipf, il cattolico Ben Salmon (condannato anche dalla sua stessa Chiesa statunitense), Roger Baldwin (che ha fondato l'American Civil Liberties Union).

Sono stati incarcerati e alcuni sono morti - trascurati e maltrattati - in cattività. La salute di molti è risultata compromessa dopo il rilascio.

La fine della guerra

Dopo la pace con la Russia, le truppe tedesche dal fronte orientale furono portate in Occidente, nella misura in cui non furono utilizzate come occupazione.

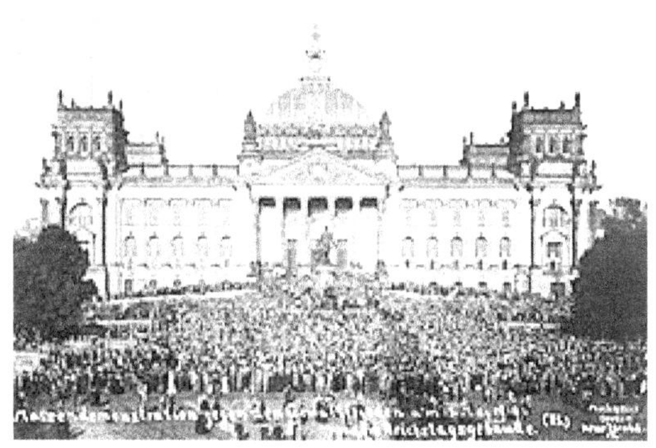

Circa mezzo milione di soldati sono tornati dall'Est. Nell'estate del 1918, i generali tedeschi Paul von Hindenburg ed Erich Ludendorff decisero di fare un ultimo sforzo con queste truppe. I tedeschi attaccarono sul fronte occidentale in tre punti:

1. Un'offensiva sulla Marna contro i francesi (operazione *Blücher-Yorck*);

2. Un'offensiva sulla Somme per creare un cuneo tra francesi e britannici (Operazione *Michael*);
3. Un'offensiva contro gli inglesi e i belgi a Ypres, nelle Fiandre (Operazione *Georgette*).

In apparenza, le offensive sul fronte occidentale avevano avuto successo: le trincee erano state abbandonate e le Centrali avevano guadagnato molto terreno, erano a 50 chilometri da Parigi.

I tedeschi, insieme alle truppe austriache, lanciarono anche un'offensiva di successo contro l'Italia nelle Alpi. Le truppe italiane furono respinte per centinaia di chilometri nel loro paese. Il comando dell'esercito italiano fu saccheggiato e il morale già basso delle truppe italiane fu completamente abbattuto.

Tuttavia, dopo un po' le offensive si sono arenate. Sebbene gli italiani non fossero in grado di opporre una resistenza significativa, alla fine dell'estate l'esercito austriaco era stanco di guerra e non poteva spingersi da solo in Italia. Anche l'offensiva dei tedeschi sul fronte occidentale si arenò in un'altra battaglia di trincea.

Gli Alleati presero l'iniziativa e decisero in autunno di aprire un terzo fronte e di farlo dove vedevano le migliori possibilità di vittoria. Un esercito di 900.000 soldati alleati sbarca nella città costiera greca di Salonicco con l'obiettivo di attaccare l'alleato centrale, la Bulgaria.

In questo modo, la Grecia neutrale fu trascinata in guerra, ma con il consenso degli stessi greci: a loro sarebbe stata assegnata una parte della Bulgaria dopo la guerra. Gli Alleati lanciarono anche un'immensa offensiva a ovest, con l'aiuto degli americani appena arrivati, contro la Germania. Sotto l'influenza di questa offensiva, combinata con altri eventi e con una rivoluzione tedesca, gli Alleati finiranno per vincere la guerra.

La caduta delle Centrali nell'autunno del 1918 avvenne rapidamente. Dopo alcune battaglie, la Bulgaria fu sconfitta e firmò un armistizio il 29 settembre 1918. La rivolta degli arabi contro l'Impero Ottomano portò anche a divisioni interne e gli Ottomani capitolarono ai francesi e agli inglesi il 30 ottobre 1918. Gli inglesi e i francesi si sono divisi il Medio Oriente.

È una falsità pensare che gli Alleati abbiano compiuto un forte sforzo bellico contro l'Austria-Ungheria. L'Italia non era mai stata un partito forte, ma ora il suo esercito era completamente ai ferri corti. In Austria-Ungheria c'erano altre questioni in gioco: il Paese era già stanco di guerra e c'erano divisioni interne. Il nazionalismo slavo stava giocando un ruolo crescente nella monarchia asburgica verso la fine della guerra. Il 18 ottobre 1918 la Cecoslovacchia dichiarò la propria indipendenza. A ciò seguirono diverse minoranze slave (croati, serbi, bosniaci) e alla fine anche l'Ungheria denunciò la Duplice Monarchia con l'Austria.

Agli italiani fu chiesta una tregua, ma rifiutarono. L'esercito italiano vide la sua occasione e riconquistò rapidamente i territori precedentemente perduti e ricacciò gli austriaci sempre più indietro. Il suo obiettivo era la città di Trieste, sulla costa adriatica.

Dopo la fine della guerra, agli italiani furono concesse diverse regioni, tra cui l'Alto Adige di lingua tedesca. Ma gli italiani ritennero di aver ricevuto troppo poco durante i negoziati di Versailles, in Francia. Il negoziatore italiano Orlando ha addirittura abbandonato con rabbia i negoziati.

Il fascismo nacque quindi rapidamente in Italia e già negli anni Venti Mussolini salì al potere.

Con la caduta dell'Austria-Ungheria, i generali tedeschi Hindenburg e Ludendorff sapevano che era finita. Il morale dell'esercito tedesco scese ai minimi storici, soprattutto perché gli Alleati avevano concordato con gli austriaci la possibilità di spostare liberamente le truppe attraverso il territorio: l'intero confine meridionale tedesco era quindi minacciato dall'invasione degli Alleati.

Inoltre, le offensive tedesche si erano arenate uno o due mesi prima e la situazione attuale non offriva alcuna prospettiva di vittoria. Le armate tedesche erano finalmente prive di tutto e la rivoluzione incombeva. Attraverso il generale Wilhelm Groener, informarono il Kaiser che non potevano più contare sulla fedeltà dell'esercito tedesco. Un irrigidimento della resistenza nelle Fiandre era solo apparente: tutto scarseggiava, anche le uniformi. I tedeschi iniziarono a ritirarsi dal Belgio, finendo per cedere i territori che avevano occupato per quattro anni. Gli Alleati ottennero immensi guadagni di terreno.

La leadership navale tedesca pianificò un'ultima battaglia contro la flotta britannica: anche se non c'era più nulla da guadagnare. Ma i marinai e i marines coinvolti sapevano ormai che era del tutto inutile e non ritenevano di dover perdere altre vite per una guerra persa.

Nelle città portuali della Germania settentrionale scoppiò una ribellione di marinai che si diffuse in tutto il Paese. La rivoluzione tedesca era stata dichiarata all'inizio di novembre del 1918, abolendo alla fine la monarchia e dichiarando la repubblica tedesca; l'imperatore fuggì nei Paesi Bassi dove morì nel 1941.

I negoziati, condotti da civili, ebbero luogo e fu concordato un armistizio. L'armistizio fu firmato l'11 novembre 1918, alle 5 del mattino, dal comandante francese Ferdinand Foch e dalla delegazione tedesca, ma entrò in vigore solo alle 11 del mattino. Durante queste ultime sei ore, ci furono ancora molte vittime da entrambe le parti, anche se la resa era già stata firmata. Il fatto che la resa sia stata firmata da civili e non da autorità militari è molto importante: i nazisti ne approfittarono in seguito per attribuire la colpa della sconfitta a "una pugnalata alle spalle delle truppe da parte di elementi rossi". Questa storia continuerà a circolare come leggenda della spinta del pugnale.

Nel 1919 seguì il Trattato di Versailles.

Impatto

Oltre ai danni causati direttamente, la guerra ebbe un'ampia gamma di conseguenze politiche, economiche e sociali. Il mondo prima della "Grande Guerra" era scomparso per sempre. La secolare supremazia globale dell'Europa era finita. L'ottimismo ottocentesco del progresso aveva lasciato il posto al pessimismo culturale.

Vittime

Una conseguenza diretta dei combattimenti, ovviamente, è stata la distruzione delle vite di molte persone nelle aree interessate. Milioni di giovani (negli Stati belligeranti, gran parte della generazione dai 16 ai 30 anni) avevano perso la vita come soldati di leva o volontari, molti erano rimasti mutilati a vita e milioni di civili erano diventati rifugiati. La mappa sottostante mostra quanti soldati furono arruolati per ogni Paese belligerante e quanti furono uccisi. I numeri indicati per l'Inghilterra comprendono anche le aree che all'epoca facevano parte dell'Impero britannico.

Inoltre, milioni di animali (cavalli, asini, ma anche elefanti, cani e piccioni viaggiatori) sono morti nella Prima Guerra Mondiale, utilizzati tra l'altro per il trasporto e la comunicazione: le automobili erano ancora relativamente poche. Per loro, nel 2004 è stato eretto ad Hyde Park, a Londra, l'Animals in War Memorial.

La Prima Guerra Mondiale ha rimescolato completamente le mappe dell'Europa e del mondo. In Europa e in Medio Oriente sono sorti nuovi Stati.

Dai nuovi confini nascerebbero innumerevoli altri conflitti internazionali. In Russia, il comunismo era salito al potere e sarebbe sorta l'Unione Sovietica. La Polonia riacquistò l'indipendenza e vennero istituiti gli Stati baltici.

L'Impero tedesco fu sostituito dalla cadente Repubblica di Weimar. La doppia monarchia austro-ungarica era scomparsa. I Balcani si disintegrarono in Stati separati, tra cui il Regno dei Serbi, dei Croati e degli Sloveni (ribattezzato Regno di Jugoslavia nel 1929). L'Impero Ottomano ha lasciato il posto alla Repubblica di Turchia. La Palestina fu occupata dagli inglesi e trasformata in territorio del Mandato britannico nel 1922. Un'unica guerra pose fine a quattro imperi dinastici secolari: i Romanov (1917), gli Asburgo (1918), gli Hohenzollern (1918) e gli Ottomani (1923). L'Europa era stata indebolita dalla

guerra. Più tardi, dopo la Seconda Guerra Mondiale,
l'Unione Sovietica e gli Stati Uniti si sarebbero fatti carico
degli Stati più colpiti.

Impatto **economico** e sociale

Oltre ai danni diretti, anche i danni economici sono stati enormi. Paesi come la Francia, la Germania, l'Italia e la Gran Bretagna erano alle prese con un enorme debito, mentre soprattutto nelle ex zone di combattimento molte fabbriche ecc. erano in rovina.

Anche i Paesi neutrali soffrirono per la guerra. Nei Paesi Bassi c'è stata una carenza di carbone che ha comportato la riduzione dei servizi ferroviari e l'aumento delle tariffe per contenere i trasporti. Il commercio via mare fu ostacolato causando ogni tipo di penuria. Anche i civili furono chiamati a rinforzare le forze armate nei Paesi Bassi.

L'"innocente Europa illuminata" del XIX secolo era scomparsa. Gli Stati si sono schierati duramente gli uni contro gli altri. Vennero introdotte o aumentate le tariffe doganali e, negli anni Trenta, i Paesi svalutarono le loro monete senza consultare gli altri Paesi.

Il motto non era la cooperazione, ma la diffidenza e l'antagonismo. Ciò aggravò la Grande Crisi che durò dal 1929 agli anni Trenta. Oltre che a livello statale, ciò ha avuto effetto anche a livello dell'"uomo comune".

Emergono ideologie autoritarie come il comunismo e il fascismo. Queste sono state alimentate in parte da veterani amareggiati, psicologicamente dislocati dalle loro esperienze e non più adatti alla società (soprattutto nei Paesi perdenti, che sono stati ulteriormente colpiti da trattati di pace troppo duri).

Hanno trovato rifugio in vari squadroni che si sono prestati a movimenti politici. Ne sono un esempio le SA, i Fasci di Combattimento, le Croci Frecciate, la Guardia di Ferro e i teppisti del KPD (Kommunistische Partei Deutschlands). I
113

moderati si sono trovati tra questi due violenti fuochi. In molti Paesi la democrazia è stata quindi sostituita dall'autoritarismo.

Le risse, composte da veterani amareggiati, si scontravano tra loro, con i moderati o con chiunque non fosse di loro gradimento, non importava. Alcuni storici vi vedono una causa di "brutalizzazione" della società ("violenza insensata").

I lavoratori e i soldati delle colonie furono "contagiati" dal nazionalismo e dal comunismo. I "bianchi superiori" usarono le risorse delle colonie per spaccarsi il cervello a vicenda. In questo modo furono gettati i semi per i successivi movimenti di liberazione come il Vietminh e il PKI.

Gli Alleati imposero alle Centrali condizioni di pace molto dure. I confini sono stati tracciati in modo del tutto arbitrario, con interessi politici che hanno prevalso su quelli delle persone che vi abitavano.

Oltre ai flussi di rifugiati, i trattati hanno prodotto anche sentimenti latenti di odio e vendetta. Nella Seconda Guerra

Mondiale, queste avrebbero trovato la loro espressione. Nasce il concetto di "guerra totale".

I sindacati sono stati ricompensati per il loro sostegno alla guerra con un riconoscimento. Lo stesso valeva per i combattenti in termini di diritto di voto: furono introdotti il suffragio universale unico (un uomo, un voto) e (più tardi) il suffragio femminile.

Le donne avrebbero dovuto occupare i posti liberi nelle fabbriche e nelle officine. Questo ha dato loro una libertà che non avevano mai avuto prima. Si sono rese conto di essere in grado di svolgere da sole molti lavori da uomo e hanno acquisito fiducia in se stesse.

Le donne non hanno abbandonato le loro posizioni dopo la guerra, dando al femminismo un enorme impulso. In Belgio, la guerra mise in luce anche gli abusi linguistici. Gli ufficiali di lingua francese (dietro il fronte) davano ordini ai soldati fiamminghi al fronte.

Ciò diede impulso alla battaglia linguistica, ma diversi soldati furono puniti a causa del loro fiamminghismo. Ad esempio, 10 soldati di prima linea sono stati esiliati in una compagnia disciplinare a Orne, in Normandia. Conosciuti
115

come *boscaioli dell'Orne,* dovevano svolgere lavori forzati in condizioni di vita molto difficili.

Fu una guerra che iniziò con le tattiche militari della guerra franco-tedesca del 1870. Con cariche di cavalleria, massiccio dispiegamento di fanteria e altrettanto massicci, anche se inutili, attacchi alla baionetta. Da parte francese, ad esempio, questa tattica era stata praticata in modo assoluto. Il nome di questa tattica (chiamata *Elan*) di attaccare con grandi gruppi di fanteria in forma offensiva era: *Offensiva à Outrance* (*attacco all'estremo*).

Fu anche una guerra che si sarebbe conclusa con le tattiche della Seconda Guerra Mondiale: in questa guerra, carri armati e aerei parteciparono per la prima volta ai combattimenti. Ma soprattutto, fu la guerra che avrebbe spazzato via un'intera generazione di europei.

In totale, la battaglia uccise quasi nove milioni di soldati e un milione di civili. Inoltre, quasi sei milioni di civili morirono di fame e di malattie.

Il Kaiser Guglielmo II scrisse dopo la guerra nel suo luogo di esilio Doorn nelle sue *Kriegserinnerungen*:

"Quando ripenso a quei difficili quattro anni di guerra, con i loro cumuli e le loro sconfitte, con i loro brillanti trionfi e le loro perdite di sangue prezioso, si accende in me un sentimento di fervida gratitudine e di imperitura ammirazione per le impareggiabili gesta del popolo tedesco in armi...".

www.ingramcontent.com/pod-product-compliance
Lightning Source LLC
Chambersburg PA
CBHW061237140726
47998CB00006B/2016